北京宣传文化引导基金
BEIJING CULTURE GUIDING FUND
北京宣传文化引导基金资助项目

写给青少年的
伟大的抗美援朝

铭记英雄的故事

胡海波 / 编著

北京科学技术出版社

图书在版编目（CIP）数据

写给青少年的伟大的抗美援朝. 铭记英雄的故事 / 胡海波编著. — 北京：北京科学技术出版社，2023.10（2025.6重印）

ISBN 978-7-5714-3239-3

Ⅰ. ①写… Ⅱ. ①胡… Ⅲ. ①爱国主义教育—中国—青少年读物 Ⅳ. ① D647-49

中国国家版本馆 CIP 数据核字（2023）第183234号

策划编辑： 许苏葵　赵子涵
责任编辑： 陶宇辰　赵子涵
责任校对： 贾　荣
图文制作： 北京麦莫瑞文化传播有限公司
责任印制： 吕　越
出 版 人： 曾庆宇
出版发行： 北京科学技术出版社
社　　址： 北京西直门南大街16号
邮政编码： 100035
电　　话： 0086-10-66135495（总编室）　0086-10-66113227（发行部）
网　　址： www.bkydw.cn
印　　刷： 北京盛通印刷股份有限公司
开　　本： 710 mm × 1000 mm　1/16
字　　数： 120千字
印　　张： 9.5
版　　次： 2023年10月第1版
印　　次： 2025年6月第6次印刷
ISBN 978-7-5714-3239-3

定 价：45.00元

序 言

传承、弘扬伟大抗美援朝精神，我们正当时

1950年，为了祖国的和平与安宁，一批最可爱的人雄赳赳、气昂昂，跨过鸭绿江，毅然奔赴朝鲜，与当时世界上最强大的军队进行了一场惊天动地的较量。历经2年9个月舍生忘死的浴血奋战，中国人民志愿军最终赢得了抗美援朝战争的伟大胜利，为世界和平和人类进步事业做出了巨大贡献，也锻造出了伟大的抗美援朝精神。

在纪念中国人民志愿军抗美援朝出国作战70周年大会上，中共中央总书记、国家主席、中央军委主席习近平深刻阐述了抗美援朝精神的历史意义和时代价值：

“在波澜壮阔的抗美援朝战争中，英雄的中国人民志愿军始终发扬祖国和人民利益高于一切、为了祖国和民族的尊严而奋不顾身的爱国主义精神，

英勇顽强、舍生忘死的革命英雄主义精神，不畏艰难困苦、始终保持高昂士气的革命乐观主义精神，为完成祖国和人民赋予的使命、慷慨奉献自己一切的革命忠诚精神，为了人类和平与正义事业而奋斗的国际主义精神，锻造了伟大抗美援朝精神。

“伟大抗美援朝精神跨越时空、历久弥新，必须永续传承、世代发扬。”

为贯彻落实习近平总书记指示要求，全国中小学纷纷开展弘扬伟大抗美援朝精神“五个一”教育活动，引导中小学生铭记抗美援朝的艰辛历程和伟大胜利，缅怀先烈的英雄事迹和崇高精神，传承红色基因、赓续红色血脉，从小培养敢于斗争、善于斗争、知难而进、坚韧向前的意志品质。

历史是最好的教科书，而青少年时期正是学习历史知识，树立正确世界观、人生观、价值观的关键时期。《写给青少年的伟大的抗美援朝（全3册）》是由抗美援朝历史研究专家为青少年量身打造的展现抗美援朝战争全景、学习英雄事迹、传承和弘扬伟大抗美援朝精神、培养爱国主义情感的红色教育图书。

结合中共中央、国务院印发的《新时代爱国主义教育实施纲要》和中小学课标要求，我们将整套图书设计为《写给青少年的伟大的抗美援朝：不能忘却的伟大胜利》《写给青少年的伟大的抗美援朝：铭记英雄的故事》《写给青少年的伟大的抗美援朝：我们为什么能赢》3册。

《不能忘却的伟大胜利》按照抗美援朝战争发展的时间顺序，以代表性战斗和历史事件为脉络，详细讲述了从朝鲜内战爆发到中国决策出兵，经过志愿军以顽强的意志同以美国为首的“联合国军”进行的五大战役，最后迫使美国不得不同意停战谈判，取得最终伟大胜利的抗美援朝战争的全过程。

这本书可以让青少年了解抗美援朝战争的全景，铭记这段波澜壮阔的战争历史，其中生动详细的战斗情节带领青少年读者仿佛重回战争现场，切身感受志愿军的英勇战斗精神。该书在正文中穿插了“人物档案”“知识拓展”等板块，可以让青少年更好地理解真实历史。

《铭记英雄的故事》从个人和集体的角度出发，精选了抗美援朝志愿军模范英雄和功臣名单里具有代表性的志愿军英雄人物和英雄部队，详细刻画了他们在战场上所表现出来的意志品格，以及他们生活中的小故事，使英雄人物的形象更加丰满。伟大的胜利背后离不开不怕牺牲、勇于奉献的英雄群体。英雄是一个民族坚强不屈的脊梁，是一个社会价值导向的坐标。他们的精神激励着中国人民克服一切困难走向最终的胜利。

这本书可以让青少年了解英雄本出自平凡，日常生活中养成良好的意志品格才能铸就关键时刻挺身而出的英雄。该书为每个人物设计了“英雄档案”“英雄故事”和“英雄精神启示”这 3 个板块，结构清晰，有助于青少年更好地了解英雄事迹，向英雄致敬。

《我们为什么能赢》以青少年易于理解的凝练语言，通过互动问答的方式，解答了青少年对抗美援朝战争感兴趣的问题。这本书从历史背景、国际形势、出兵原因、决策过程、胜败分析、抗美援朝精神、战争胜利对中国的意义等多维度的视角分析了中国人民志愿军取得抗美援朝战争伟大胜利的更深层次的意义。

这本书可以让青少年更好地理解什么是伟大抗美援朝精神，以便在新时代更好地学习、传承、弘扬和实践这种精神。该书共 10 章，每章后都附有“知识拓展”和“抗美援朝小考场”板块，可以让青少年更全面、更系统、更清晰地掌握抗美援朝的历史知识脉络。

以上 3 本书主题鲜明，既单独成册，满足青少年对不同主题的学习需求，又可组合成套。这套书通过经典战役、英雄模范、胜利原因 3 个方面构成一个完整的抗美援朝战争历史知识体系，真实还原了抗美援朝战争的全貌。

从图书表现形式看，这套书配有数据图表、历史照片，更有《跨过鸭绿江》《冰血长津湖》《烈火邱少云》《黄继光堵枪眼》等手绘插图，以提高青少年的阅读兴趣，让青少年更好地理解历史。

在叙述方式和语言风格上，这套书以青少年喜闻乐见的叙述方式，简洁、通俗、生动地解读了这段中国人不可忘却的战争史。同时，这套书努力贴近青少年的阅读习惯，力求以抗美援朝战争历史故事作为切入点，回答中国出兵决策为什么意义深远、战争过程为什么艰苦卓绝、志愿军将士的英雄事迹为什么可歌可泣、抗美援朝战争为什么能赢等重大问题，为青少年讲清来龙去脉，剖析前因后果，引发新时代青少年的思考与共鸣。

青少年们，学习抗美援朝战争史，你就会了解中国军人是怎样用“钢少气多”力克“钢多气少”。这就是伟大的抗美援朝精神!

青少年们，学习抗美援朝战争史，你就会了解和平是要付出代价的。中国人民志愿军打败了侵略者，震动了全世界，奠定了新中国在亚洲乃至国际事务中的重要地位，彰显了新中国的大国地位。这一战，不仅让全世界对中国刮目相看，还充分展示了中国人民维护世界和平的坚定决心!

青少年们，学习抗美援朝战争史，你就会了解我们并没有生活在一个和平的年代，只是生活在一个和平的国家。如今，我们的祖国强大了!

19.7 万多名英雄儿女为了祖国、为了人民、为了和平献出了宝贵生命。直到今天，在三八线附近的土地上还掩埋着许多志愿军烈士的遗骸，他们没有留下名字，也没有墓碑。祖国没有忘记，并多次用最高规格的隆重仪式迎接他们的英灵魂归故里。而我们更不能忘记。

一代人有一代人的责任，一代人有一代人的担当。少年强则国强，新时代的青少年是红色基因和民族记忆的传承者，是实现中华民族伟大复兴的生力军。

让我们通过这套《写给青少年的伟大的抗美援朝（全3册）》，回到那个战火纷飞的年代，重温抗美援朝战争的光辉历史，感受先辈们的家国情怀、无畏精神、坚韧作风和必胜信心，为成长进步注入不竭的动力，让奋斗的青春绽放出绚丽的花朵，共同建设更加美好的未来，以告慰长眠在地下的英灵。

70多年前，抗美援朝、保家卫国，他们正年轻；70多年后，传承、弘扬伟大抗美援朝精神，我们正当时。

刘建

中国人民解放军战略支援部队航天工程大学原副校长

著名军事专家

陆军少将

目 录

一 杨根思：用生命保卫阵地

英雄档案

英模称号	全国战斗英雄、中国人民志愿军特级战斗英雄、朝鲜民主主义人民共和国英雄
功勋奖章	朝鲜金星奖章、朝鲜一级国旗勋章
牺牲之地	长津湖畔小高岭
命名部队	杨根思连
英雄事迹	抱起炸药包冲向敌群，与敌人同归于尽
英雄名言	不相信有完不成的任务，不相信有克服不了的困难，不相信有战胜不了的敌人

不相信有战胜不了的敌人

1950 年 11 月 6 日，抗美援朝战争的第二次战役打响。中国人民志愿军第 20 军紧急向前线开进。在该军第 58 师第 172 团中，有一位名叫杨根思的连长，他看到朝鲜这片土地被美军飞机狂轰滥炸的惨状，心情异常悲愤。他和指导员商定，利用部队在江界领粮的机会，召开一次控诉美帝国主义滔天罪行的现场会，对部队进行一次最现实、最生动的战斗动员。在会上，他激动地说："朝鲜人民的痛苦，就是我们的痛苦，记住美帝的暴行，为朝鲜人民报仇，争取在战斗中立功！"

在东线战场，志愿军总部决定对侵入长津湖地区的美军陆战第 1 师和美军第 7 师进行分割围歼。11 月 28 日，第 58 师第 172 团奉命执行穿插阻击任务。杨根思率 3 连急行军 65 千米，绕过柳潭里和死鹰岭，穿过冰封的长津湖，直插下碣隅里，当晚配合友邻部队攻占东山 1071.1 高地。随即，杨根思向营里请战。

营长命令他率领 3 排扼守高地东南小高岭，堵截敌人突围逃跑之路。营长对杨根思交代说："小高岭非常重要。你的任务是带领一个排，牢牢守住阵地，打破敌人突围的企图。美陆战一师可是从未打过败仗的'王牌'。"杨根思斩钉截铁地回答："保证完成任务。我不相信有战胜不了的敌人！"

杨根思是当时我军著名战斗英雄。他于 1944 年参加新四军，在人民军队这个大熔炉里锻炼成长，很快成为打起仗来不怕死、勇往直前的勇士。战友们笑称杨根思"手大脚大力气大，鼻子冒汗决心大，眼睛一瞪敌人怕"。他在历次战斗中屡建奇功，先后 6 次获"战斗英雄""模范"的光荣称号。

1950 年 9 月，全国召开战斗英雄代表会议，杨根思作为战斗英雄代表出席了大会，受到了毛泽东主席和朱德总司令的接见，成为军内外闻名的战斗英雄。此刻，这位战斗英雄又奔赴朝鲜战场，面对最凶恶的敌人，去经受血与火的考验。

只要还有一口气，就和敌人拼到底

1950年11月29日拂晓，天降大雪，气温降到零下30摄氏度。美军出动十几架飞机对小高岭进行轰炸、扫射，密集的凝固汽油弹等炸弹落在阵地上炸开。突围的美军距离阵地越来越近，杨根思一声令下："打！"3排的轻、重武器一齐开火，一颗颗手榴弹在敌群中爆炸，美军抛下一片尸体仓皇溃退。

美军第一次突围失败后，又向小高岭进行猛烈的炮击，并组织了约2个连的兵力在8辆坦克的掩护下发动第二次攻击。当敌人逼近时，杨根思率先投出手榴弹，趁着敌人慌乱时纵身跃出战壕，带领战士们像猛虎一样冲向敌群，奋勇杀敌，将进攻的美军打了下去。

紧接着的第三次战斗结束后，3排减员很多，杨根思迅速整顿部队，带领大家抢修工事，收集敌人丢弃的弹药，准备迎接更激烈的战斗。他动员大家："上级相信我们一定能守住阵地，只要还有一口气，就和敌人拼到底！"战士们也纷纷表示："坚决守住阵地！就是小高岭炸平了，也是3排的！"

29日上午，在小高岭阵地上的战斗中，杨根思带领部队已经连续击退美军7次进攻。急于夺路逃跑的美军又发起第8次进攻。在用成百上千发炮弹轰炸后，整营的敌人向小高岭扑来。杨根思边打边鼓励大家："同志们，勇敢战斗，坚决把敌人打下去！"这时阵地上的弹药已经耗尽，连刺刀、枪托、石头都用上了。3排虽然用肉搏战打退了美军的进攻，但伤亡严重，阵地上只剩下杨根思和几名伤员。

在这严峻时刻，杨根思命令通信员：“立即把小吴护送下去，并向营首长报告这里的情况。”他又命令重机枪排排长：“赶快撤下去！重机枪是同志们用鲜血换来的，决不能丢掉！”这时，阵地上只剩杨根思 1 个人了，他收拢了可用的枪支和 1 个炸药包放在身边，选好位置，隐蔽起来。

刺骨的寒风早已吹透了杨根思身着单衣的躯体，刺骨的严寒让他握枪的手变得僵硬，他在战壕里等待着最后战斗的时刻。

勇士辉煌化金星

10 时许，美军又发起第 9 次进攻，40 多个美国兵以为山头上已没有志愿军了，便大摇大摆地向阵地走来。当敌人靠近时，杨根思猛然站起来，举起驳壳枪，击中了正在挥动小旗、哇啦哇啦叫喊的敌军指挥官，美军顿时乱成一团。

杨根思用步枪、驳壳枪交替射击。敌人发现阵地上只有一人，便不顾一切地蜂拥而上。最后关头，杨根思抱起约 5 千克的炸药包，一拉导火索，奋勇冲入敌群，一声巨响后杨根思与几十个敌人同归于尽，一起消失在漫天飞扬的硝烟之中。

杨根思牺牲时年仅 28 岁。当志愿军部队赶到小高岭后，在阵地上仔细搜寻了好长时间都没有找到杨根思的遗骨，这成为战士们心中最大的遗憾。

战后，志愿军总部授予杨根思“中国人民志愿军特级战斗英雄”荣誉称号，并命名该连队为“杨根思连”。杨根思是志愿军授予的第一位“中国人民志愿军特级战斗英雄”。志愿军司令员兼政治委员彭德怀题词，赞誉他是“中国人民的优秀儿子，国际主义的伟大战士，志愿军的模范指挥员”。

“烽烟滚滚唱英雄……勇士辉煌化金星！”至今，每当“杨根思连”播放电影《英雄儿女》时，战士们总是心潮澎湃、激动不已。影片里有老连长

不相信有完不成的任务
不相信有克服不了的困难
不相信有战胜不了的敌人
杨根思

杨根思的影子，他的事迹曾鼓舞和激励着亿万中国人民。如今，营区广场的正中央矗立着杨根思烈士的塑像，基座上刻着一句话：“不相信有完不成的任务，不相信有克服不了的困难，不相信有战胜不了的敌人。”这是杨根思在抗美援朝战场上立下的战斗誓言。多年来，每逢杨根思牺牲纪念日、连队命名日、新兵下连、老兵退伍等重要的日子，“杨根思连”的官兵们都要重温老连长用鲜血与生命发出的战斗誓言。70 多年后，杨根思的“三个不相信”精神依旧穿越历史，跨越时空，历久弥新。

英雄精神启示

“忠诚、无畏、向上”是杨根思的秉性，也是“三个不相信”精神的源头。杨根思成为英雄，与他敢打、擅打、智打是分不开的。在28年的生命中，他总是困难越多则斗志越高，挑战越大则干劲越足，对手越强则拼得越凶，始终像一颗上了膛的子弹，随时准备战斗。如果我们都能像特级战斗英雄杨根思那样既有决心更有行动，既有想法更有办法，既有目标更有结果，那么在人生的道路上就一定能披荆斩棘、行稳致远。

二 黄继光：为胜利开辟道路

英雄档案

英模称号	全军挂像英模、中国人民志愿军特级战斗英雄、朝鲜民主主义人民共和国英雄
功勋奖章	朝鲜金星奖章、朝鲜一级国旗勋章
牺牲之地	上甘岭
命名部队	黄继光连
英雄事迹	负伤后跃起，用自己的胸膛堵住敌人地堡的机枪眼
英雄名言	当需要我的时候，我保证毫不犹豫地献出自己的生命

身手灵活的“全能战士”

1951 年，朝鲜半岛上激战正酣，志愿军急需大量兵员。在四川中江县石马乡，有位名叫黄积广的小伙子在村里第一个报名参加志愿军。报名时因为他的四川口音比较重，征兵人员听成了“黄继光”并登记下来。后来连队指导员说：“这个名字好，继承光荣传统，别改了，继续用吧！”就这样，志愿军里多了一名叫黄继光的战士。

入朝以后，黄继光到第 15 军第 45 师第 135 团第 2 营当了通信员。他在家乡当民兵时，曾机智勇敢地抓获了一名逃跑的地主，轰动全村，被评为模范民兵。来到部队后，他工作热情很高，经常给前线阵地送水，帮炊事班做饭，编草垫子给坑道里的战友防潮。射击班训练时他跟着学射击，报务班训练时他跟着学报务。部队里有“八大员”，指的是通信员、话务员、卫生员、担架员、运输员、宣传员、炊事员和军械员，他样样都干过。在连里提到这个身手灵活的小个子，人人都竖大拇指，说他是“全能战士”。指导员夸他：“哪里要帮忙，哪里就有黄继光。”

1952 年初秋，敌人对志愿军第 2 营 6 连阵地实施炮火打击，电话线被炸断，营部指挥所和炮兵部队失去了联系，而此时话务员也在执行任务时负伤了。情急之下，黄继光背上接线箱，冒着敌人密集的炮火，时而奔跑跳跃，时而趴在土坡上隐蔽，终于在河边看见了接线的战士。在冰冷的河水里，两个人只用了 10 分钟就成功地接通了电话线。正是黄继光及时地充当了话务员，才让营部指挥所与炮兵部队恢复了联系，从而粉碎了敌人的进攻。

因为这次出色表现，黄继光立了功，还加入了共青团。全营的通信员中只有他一人立功，但黄继光高兴不起来，因为他最大的梦想就是要真刀真枪地消灭敌人。

榜样的力量是无穷的

连里让副指导员做黄继光的思想工作。得知他想跟老乡一起去前线杀敌时，副指导员耐心地对他说：“你看我这只手表，时针、分针、秒针在不停地转，它为什么会转？是什么在推动它？”

副指导员用小刀把手表背壳打开，露出里面的零件，接着说：“这是发条、齿轮、小螺丝，如果缺一样，或者它们其中的一件停止运作，那另一面的指针还会转吗？我们的战场就像这块手表，每个战士就是其中的小零件，虽然分工不同，但他们的作用是一样的。”最后，副指导员拍拍黄继光的肩膀说：“放心，上火线杀敌的机会总会到来的。”黄继光听完副指导员的话，心里敞亮多了。

1952 年 8 月，师电影队到连队慰问。连里就像过节一样，大家都去看电影。这部电影是苏联的《普通一兵》，讲的是苏联卫国战争中的一场战斗，部队在进攻时遭遇德军火力拦阻，有个叫马特洛索夫的苏联战士，匍匐靠近德军碉堡的火力点，投掷手榴弹后仍未消灭敌人，最后扑上碉堡，用身体挡住机枪射击，壮烈牺牲，为胜利开辟了道路。电影放了几遍，黄继光就看了几遍，他回来就跟战友说：“如果是我，也会这么做，你想一想，牺牲一个人，救出多少人来啊！”

榜样的力量是无穷的。马特洛索夫的英雄壮举强烈震撼着黄继光的心灵。战场是军人最好的课堂。在炮火硝烟中，在志愿军部队的大熔炉里，黄继光不断进步。尽管入伍仅一年多，但他已成长为一名优秀的战士。

1952 年 10 月 14 日，空前惨烈的上甘岭战役打响了。黄继光所在的部队也参战了。战役持续到第 6 天，也就是 19 日，黄继光几乎没休息过，他送信、送水、抬伤员，此时已经疲惫不堪。为了夺回失守的阵地，志愿军对重要的537.7和597.9高地实行反攻。经过大半夜的浴血奋战，志愿军收复了这两个高地的大部分阵地，唯独0号阵地久攻不下。营参谋长心急如焚，让通信员去6连传达命令，务必在天亮之前拿下0号阵地，否则敌人在白天就会发挥空中火力优势，志愿军的作战任务将更加难以完成。这名传达命令的通信员就是黄继光。

用胸膛堵住枪眼

冲进6连指挥所的黄继光发现原本100多人的6连只剩下了16人，便主动请缨去完成爆破任务。出发前，黄继光将入党申请书及参战决心书交给了指导员，最后说："坚决完成上级交给的一切任务，争取立功当英雄，争取早日入党。"战斗中，黄继光带着2名战士利用弹坑和敌人射击间隙隐蔽前进，分别炸掉了敌人东西两侧地堡，此时只剩下中间的暗堡。在密集的弹雨中，2名战友都倒下了。只剩下黄继光，他拖着负伤的身体向暗堡爬去，投出最后一颗手雷，炸掉了半边暗堡，然后也倒下了。

此时天就要亮了，部队即将冲锋，敌人暗堡的机枪还在吐着火舌……火光中一个身影晃动了一下，战士们大喊："是黄继光，黄继光还活着！"他爬起来，用力支起上身，向战友们说了句话，只有指导员明白了："快，准备冲上去，黄继光要堵枪眼！"只见黄继光挣扎着爬到暗堡死角，张开双臂，奋力一跃，用胸膛堵住了敌人的机枪。刹那间，吼叫的机枪哑了，21岁的黄继光以年轻的生命践行了自己的诺言。

随即，战士们怒吼着冲了上去，带着满腔仇恨摧毁了敌人暗堡，打开了胜利的通道。跟那位苏联英雄不同，在堵枪眼之前，黄继光的腿已被打断，身上有7处重伤，身后拖着一道10多米长的血印。战斗结束后，战友们发现黄继光仍然趴在地堡上，两手紧紧抠着地堡上的麻包，而他全身的伤

黄继光

口都没有流血，地堡前也没有血迹，血都在他身后流尽了。

当时的目击者大都在后来的反击战中牺牲，只有连长万福来负重伤又活了下来。他在医院听说黄继光仅仅被追授“中国人民志愿军二级战斗英雄”时大为不满，请人代笔上书陈情。1953 年 6 月，志愿军总部授予黄继光“中国人民志愿军特级战斗英雄”光荣称号。

在一次全国群英会上，毛泽东主席接见了黄继光的母亲邓芳芝。毛主席的儿子毛岸英也是在抗美援朝的战场上牺牲的。人民领袖毛泽东和四川农妇邓芳芝有着共同的悲伤，也分享着共同的骄傲。

至今，以“黄继光”命名的连队宿舍里一直留着一张床铺。每一次连队点名时第一个被点名的必定是“黄继光”，全连官兵则齐声答“到”。黄继光以这样的方式永远活在人们的心中。

在舍身堵枪眼之前，黄继光不过是普通一兵，并没有取得过辉煌的战绩，而是在“八大员”的平凡岗位上默默做着贡献，不断提高自己的技术能力，在血与火、生与死的考验到来时，他做出了惊天动地的英雄壮举。黄继光活着是一面旗帜，倒下则是一座丰碑。这是信仰的力量，超越了人类求生的本能和对死亡的恐惧。总结成一句话就是他的战友们后来所说的，“我们那时候，打胜仗、立军功比命重要，这是中国军人的精神”。

英雄精神启示

世上没有从天而降的英雄，只有挺身而出的凡人。如今，绝大多数人在一生中不会面对血与火的战场考验，更不可能做出“舍身堵枪眼”的惊天壮举。但在平凡的人生中，我们仍要经历无数或大或小的艰苦考验，只有平时练好本领，关键时刻才能站出来、冲上去。每当遇到攻坚克难的关键时刻，我们仍需要黄继光的“堵枪眼精神”，只要有这种大无畏精神，任何人都会成为主宰自己命运的英雄。

三 伍先华：无畏的爆破英雄

英雄档案

英模称号	中国人民志愿军一级战斗英雄、朝鲜民主主义人民共和国英雄
功勋奖章	朝鲜金星奖章、朝鲜一级国旗勋章
牺牲之地	官岱里
命名部队	伍先华班
英雄事迹	抱起炸药包冲进坑道，与敌人同归于尽
英雄名言	在党需要的时候，愿献出自己的生命

阵前主动请战

1952年夏，朝鲜江原道金城郡官岱里以西，志愿军第12军第34师第100团第1营2连驻守的无名高地上，有一位身材魁梧的志愿军班长，紧盯着对面南朝鲜军驻守的720高地和74号阵地，思索着如何拔掉这个眼中钉。

从8月起，2连奉命在720高地担负坚守任务。在一段时间里，2连和敌人“鼻子碰鼻子，眼睛盯眼睛”地对峙着。敌人不断用炮火封锁2连通往主阵地的道路，给2连造成很大困难。这位班长观察到，在敌人两个阵地的南边有一条半截坑道，这里是敌军指挥所，火力最强。如果不炸掉它，志愿军主力部队就没办法攻上阵地。

团长每次来阵地时，这位班长总是带头向他请战：“我们受不了这个窝囊气，反击的时候，一定要把任务交给我们！”这个大个子就是3班班长伍先华。他是四川遂宁人，15岁被国民党军抓壮丁，后在解放战争的成都战役中成为解放军第12军第34师第100团的一名战士。

1951年3月，伍先华随部队入朝参战，入朝不久就参加了第五次战役和金城防御作战。他冒着枪林弹雨，将受伤的战友背下阵地后又返回战场，多次打退敌人进攻。他因此立了三等功，被火线提拔为2连3班班长。

9月，志愿军决定在全线发起反击作战。第100团所选定的目标就是和720高地对峙的官岱里以西的敌人阵地。一天，团长到2连做战前动员，在班以上指战员会议上指出：“这次战斗，由于我们的阵地与敌人阵地离得太近，不可能完全依赖炮火摧毁敌人的工事，要靠爆破炸掉坑道这只‘拦路虎’，为攻击部队扫除障碍！”

团长的话还没有说完，伍先华霍地站起来，声音激动而洪亮地说：“报告团长，敌人的坑道工事由我们去爆破，困难再大也能把它炸掉，请团长放心！”团长点点头，并再三叮嘱：“任务越困难，越要动脑筋，勇敢加智慧，才是胜利的关键。”

团长和 2 连连长、指导员经过再三研究，决定把爆破半截坑道的任务交给伍先华带领的 3 班。受领这一艰巨任务后，伍先华把全班战士召集在一起，讨论和确定实施方案，根据敌地堡的大小捆好相应的炸药包。在进攻前夜，伍先华带领全班摸到敌阵地前沿观察，计划好爆破时的进攻路线。

爱动脑子的发明家

连里之所以把任务交给伍先华带领的 3 班，是因为他胆大心细，经常琢磨战法，会出点子。伍先华念过两年私塾，算是战士中的文化人。志愿军转为防御作战后，便在前线抓紧构筑坑道工事。此时天气变冷，土地被冻得硬邦邦的。志愿军没有挖掘机械，修工事只能用铁镐，往往忙活一天却只能挖一条 1 米左右的壕沟，速度太慢了。

伍先华善于动脑子，他发现如果在冻土的侧面开一个剖面，下面的土层是比较松软的。只要先把这些松软的土掏空了，然后从上面一砸，冻土就能被快速地挖开。于是，他推广这种方法，志愿军的工事挖掘速度一下子提高了 3~5 倍。

之后，伍先华又首创了固定阵地的修筑标准。他带领自己班的战士，在选好的位置上盖了个长 3.5 米、宽 1.8 米的木头框架，然后在上面又垫上了 7 层木料和 3.5 米厚的土石，形成了一个坚固的地堡，防护效果非常好，很快就在团里被推广开了。

在构筑穿通石山的坑道时，他努力找窍门，从坚石中打眼，使爆破深度由 30 厘米提升到 50 厘米。除了修筑工事外，他还在部队里搞发明。当时，志愿军灯油供应不上。一到晚上，坑道里则漆黑一片。伍先华发现将青冈树去皮、压碎、烤干后可以点燃代替灯油，于是战士们一起动手做灯。坑道中很快重现光芒，战士们再也不用摸黑值班了。

作为班长，伍先华对战士们体贴入微。修工事的时候，由于工具不够，他就让战士们休息，自己一个人抡着铁镐干。他还经常在战士们睡觉的时候，给他们刮鞋底的冰、烤鞋。

在战斗发起的前夜，伍先华带领全班宣誓："在党需要的时候，愿献出自己的生命！向英雄董存瑞、杨根思学习！"

坑道爆破歼敌

9 月 29 日 17 时，战斗打响了。早已按捺不住的 3 班战士分成两路，按照预定的方案出发：第一路由副班长带领，目标是冲上 720 高地制高点，炸掉敌军观察所，而后再去爆破半截坑道工事；第二路由伍先华带领，从另一侧的凹部出发去摧毁半截坑道工事。

当伍先华等人摸到半山腰时，从 720 高地传来两声巨响，副班长那一路已经炸毁了敌军观察所。伍先华兴奋地带领大家迅速向凹部冲去。这时又传来更大的爆破声。正当战士们为成功爆破半截坑道工事而高兴时，半截坑道的 4 个大地堡里敌军轻、重机枪突然响了起来，疯狂地向他们扫射。伍先华断定，敌军半截坑道工事未被摧毁。

敌人用密集的火力封锁住了接近半截坑道的道路，并发起了反击。伍先华带领战士顽强抵抗，打退了 2 股敌人的进攻，3 班也付出了惨重的代价，只剩下伍先华、周绍丰、罗亚全 3 人。伍先华对这 2 名战士说："'拦路虎'没有清除，突击部队就上不来，我们一定要把半截坑道工事炸掉！"他命令罗亚全去爆破，他和周绍丰掩护。当地堡群的火力被伍先华引开后，罗亚全全力爬进地堡群，摧毁一个地堡后英勇牺牲了。

前面又有机枪响起，周绍丰抱起 2 个炸药包向吐着火舌的地堡爬去，一下子炸掉了 2 个地堡，但他左臂负重伤。伍先华赶上来，为周绍丰包扎好伤口。不一会儿，半截坑道工事里的重机枪又响了起来。伍先华让周绍丰掩护，自己抱起一个 10 千克的炸药包向坑道工事冲去。当他快要到达半截坑道口时，腹部突然被一颗子弹击中，他栽倒在地。

等待突击的部队被敌人火力压制住，不能发起进攻，连长命令 2 排排长张海林带领 2 名爆破手接替伍先华实施爆破。正当他们准备出击时，只见伍先华又爬了起来，在 74 号阵地左边和半截坑道两面火力的夹击之下奋力地向前挪动，朝坑道口艰难地爬去，然后又不动了。

趁敌人火力间隙，张海林命令 2 名爆破手出击，这时只见伍先华一跃而起，抱着冒着白烟的炸药包冲进敌人坑道，随着地动山摇的一声巨响，半截坑道口崩塌，伍先华与坑道里的 40 多个敌人同归于尽。进攻道路上的“拦路虎”被清除，主攻部队一举占领了 74 号阵地和 720 高地，全歼守敌，取得了此次反击战的胜利。

1952 年 11 月 2 日，志愿军政治部给伍先华追记特等功，并追授“中国人民志愿军一级战斗英雄”称号。伍先华生前所在的第 100 团第 1 营 2 连 3 班被命名为“伍先华班”。

1953 年 6 月 25 日，朝鲜民主主义人民共和国最高人民会议常任委员会追授伍先华“朝鲜民主主义人民共和国英雄”称号，并授予其金星奖章和一级国旗勋章。

英雄精神启示

压倒一切敌人而不被任何敌人所压倒，征服一切困难而不是被困难所征服。伍先华以自己的生命展现了不畏强敌、舍生忘死的英雄气概。他善于动脑筋，发挥自己的聪明才智，解决了许多坑道构筑的实际问题，成为爆破能手，光荣立功入党，带出了“伍先华班”这个坚强集体。我们既要学习他英勇无畏的战斗精神，也要学习他善于发挥主观能动性、勇于战胜一切困难的进取精神。有人说，假如伍先华生活在今天，凭他的聪明才智，一定能在土木工程学方面有所成就。在和平的年代，我们又有什么理由不发挥自己的聪明才智去不断克服前进道路上的“拦路虎”呢？

四 孙占元：拉响最后一颗手雷

英雄档案

英模称号	中国人民志愿军一级战斗英雄、朝鲜民主主义人民共和国英雄
功勋奖章	朝鲜金星奖章、朝鲜一级国旗勋章
牺牲之地	上甘岭
英雄事迹	双腿被炸断，拉响了最后一颗手雷，与敌人同归于尽
英雄名言	不完成党交给我的任务，决不离开自己的岗位

爱兵好排长

1952 年 10 月的一个夜晚，朝鲜五圣山志愿军第 15 军第 45 师坑道阵地，排长孙占元与战士易才学聊起了家常。孙占元回忆起参军那天离开河南林县（今林州市）大山深处的家乡时的情景，当时他跟乡亲们说："等我打完仗，和大伙儿一块引水、栽树、修出山的路。"后来他转战豫西，参加淮海战役、渡江战役、两广作战、西南剿匪等，从战士成长为第 135 团 7 连 2 排排长。

此时，他们随第 15 军部队入朝作战已经一年零七个月，从运动战到阵地战，经历了不知多少次残酷的战斗。坑道外不时传来零星的枪炮声，孙占元还憧憬着战后的生活，笑着说："将来要能穿上一双皮鞋，站到天安门前照一张相，回家再娶个媳妇，就心满意足了！"

易才学被孙占元的话所感染，也咧着嘴笑了。他对这位排长打心眼儿里佩服。入朝初期，部队打的是运动战，加上敌机对志愿军后勤运输线的狂轰滥炸，战士们不得不经常携带 30 千克以上的粮、弹，在山峰连绵、冰天雪地的山区连续行军。

孙占元参军前给地主喂牲口时，左脚曾被骡子踩伤而留下病根，在行军途中经常发作，但他从来不当回事。此外，他对战士们特别关爱，经常帮助体弱和生病的战士扛枪、背米，宿营时还给战士们烧洗脚水、挑脚泡，烘烤被雨雪淋湿的衣服，像兄长一样关爱战士。他不吸烟，却经常在背包里放几包烟丝，当后方供应不上时，便拿出来送给吸烟的战士。他是全团有名的模范共产党员、爱兵的好排长。

许多年后，易才学还记得这次与排长的聊天，因为这一晚就是上甘岭战役打响的前夜。

依托坑道反击

从 1952 年 4 月起，第 15 军奉命进驻朝鲜中部平（康）金（化）淮（阳）地区，担负扼守五圣山、西方山一线的任务。在防御作战中，孙占元所在部队采取“零敲牛皮糖”战术，用冷枪冷炮和小分队出击的方式不断消耗敌人。

10 月 14 日清晨 5 时，美第 7 师、南朝鲜第 2 师各一部共 7 个营的兵力，在 300 余门火炮、30 余辆坦克、40 余架飞机掩护下，分 6 路向五圣山南麓上甘岭 597.9 高地和 537.7 高地北山 2 个阵地发起攻击，拉开了上甘岭战役的序幕。

战斗打响后，志愿军第 15 军前沿步兵从拂晓激战至中午，连续打退敌军集团冲锋 10 余次。战至 13 时许，志愿军阵地上的野战工事全部被敌军炮火炸毁，表面阵地大部被敌军占领，防守部队转入坑道作战。上级命令，乘敌军立足未稳之机，7 连配合兄弟连队反击 597.9 高地，全连先运动至 0 号阵地坑道内，而后由孙占元率 2 排担任突击队向 2 号表面阵地攻击。

17 时 30 分，7 连顺着 6 号、5 号、4 号阵地进入主峰 0 号阵地大坑道内。19 时，2 排在孙占元带领下跃出坑道，向 2 号阵地发起迅猛攻击。因志愿军火炮火力不足，敌人的工事未被摧毁，2 排只好边清除敌军地堡火力点边前进。2 号阵地左前方百米处是 11 号阵地，占领这 2 个表面阵地的敌人用火力互相支援，对志愿军反击造成很大阻碍。

夺取 11 号阵地时，连长李石锁中弹牺牲，代理连长指挥的 1 排排长也牺牲了，指导员林文贵宣布孙占元为代理连长进行指挥。孙占元指挥爆破组，利用山坡上的沟坎，迂回到敌侧背，连续爆破，打开通路，带领 2 排向 2 号阵地冲锋。

敌人见2号阵地被攻占大半，又怕坑道里的志愿军出来支援而腹背受敌，于是就在地堡内用机枪拼命向7连扫射。照明弹带着刺耳的呼啸声腾空而起，照亮了2号阵地，孙占元心里很清楚，在这里多停留一分钟，就会增加一分伤亡。他果断命令5班副班长李克先去摧毁这个“拦路虎”。李克先在机枪火力的掩护下，迅速靠近地堡，对准射击孔将爆破筒塞了进去，地堡被摧毁，李克先壮烈牺牲。

与敌同归于尽

孙占元带领战士们趁势迅猛冲击，这时敌人的其他暗堡火力点又疯狂扫射起来，2排战士们被压制得不能前进。一发炮弹在孙占元身边爆炸，他被气浪掀到一边昏了过去。醒来后，他忍着剧痛仔细观察了敌火力点，对战士易才学说：“敌人的枪眼都是朝北的，你带人从右边绕到后面去炸，我用机枪掩护你们。”

易才学发现排长说话有些颤抖，脸色苍白，仔细一看，排长右腿被炸断，只有一层皮连着，左腿也被炸伤，露出了骨头，身边的泥土被鲜血浸透，便说：“排长，你负伤了，得马上下去，这里有我们，你放心好了。”说着，他就要把孙占元背下去。

孙占元坚定地说：“我是共产党员，是指挥员，只要还有一口气，不完成党交给我的任务，决不离开自己的岗位。”看易才学还在犹豫，孙占元又接着下命令：“不要管我，快上去消灭敌人的火力点，能前进一丈，不能后退一寸！”然后，他架起机枪对准敌地堡射击，掩护实施爆破。

易才学眼含热泪，带着2名战士猫着腰，钻到中间那个地堡前，投出手雷，转身又炸掉了左、右的2个地堡。就在这时，一股敌人从上甘岭村头爬了上来，从后面包抄偷袭7连阵地。孙占元发现后迅速掉转枪口猛烈射击，打退敌人 2 次冲锋，毙伤敌人 80 多名。但敌人后续部队又涌了上来，此时孙占元已打光子弹，他毅然拉响最后一颗手雷滚入敌群。

随着一声巨响，孙占元与敌人同归于尽，英勇牺牲。7 连指导员带着火力排趁势冲了上来，8 连、9 连也从 2 个坑道冲上山，全歼残敌，收复了 2 号阵地。战士们在打扫战场时，看到孙占元的遗体旁散落着 7 具敌人的尸体。

为表彰孙占元的英雄事迹，1952 年 11 月 6 日，志愿军给孙占元烈士追记特等功，1953 年 6 月 1 日，追授“中国人民志愿军一级战斗英雄”荣誉称号。

1952 年，河南省林县人民政府召开万人大会，表彰孙占元的英雄事迹。1953 年，三弓水村改名占元村。如今，巍巍太行山怀抱中的林州市临淇镇占元村有一尊手持冲锋枪的英雄铜像，浩浩军魂，正气凛然，镌刻着千古不朽的英雄史诗。如今，占元村修起了 12 千米的“英雄路”，打了 3 口“思源井”，绿化了 1.8 万亩荒山，实现了烈士的夙愿。

英雄精神启示

“生上英雄榜，死当烈士碑”已成为孙占元所在连队的血性誓言，至今薪火传承。新兵下连队第一天，不知道连长、指导员是谁，但一定知道孙占元是谁。在孙占元身上，“共产党员”“指挥员”这沉甸甸的称号意味着使命与责任，意味着身先士卒，意味着生命不息则战斗不止。正是有无数像孙占元这样的党员在关键时刻高呼“跟我上”，才铺就了上甘岭战役胜利的道路。无论时代如何变化，共产党员在任何岗位、任何时候都要发挥先锋模范作用，这个传统永远不能丢，也不会丢。

五 邱少云：永远的烈火金刚

英雄档案

英模称号	全军挂像英模、中国人民志愿军一级战斗英雄、朝鲜民主主义人民共和国英雄
功勋奖章	朝鲜金星奖章、朝鲜一级国旗勋章
牺牲之地	391 高地
命名部队	邱少云班
英雄事迹	忍受敌人的燃烧弹引起的烈火烧身的痛苦，一动不动，直至牺牲
英雄名言	宁愿自己牺牲，决不暴露目标

师长特批上前线

1952 年 10 月初，朝鲜战场平康以南万渊里地区的志愿军阵地后方，第 29 师师长刚刚部署完反击作战的潜伏任务。他来到担负任务的连队，了解战斗布置情况。当他看到战士们士气高昂、准备有序时，脸上不禁露出满意的微笑。忽然，从阵地旁的山石下传来一阵抽泣声，有个瘦小的战士蹲在那里哭鼻子。

这位师长大怒，对那个哭泣的战士说："给我站起来，就要打仗了，你们这个大功连队，怎么出了你这个软蛋，哭什么哭？"这名战士抹了把眼泪，生气地说："谁是软蛋？我只是难过连里不让我参加潜伏，根本就没把我当个兵看！"听到这边有争吵声，连长赶忙过来向师长解释，这次连里挑选参加潜伏任务的战士，因为考虑到危险性太大，按规定只能是党员、团员战士参加。而这个战士既不是党员也不是团员，所以不在潜伏突击队的名单上。他虽然服从了命令，但仍然不甘心地流下眼泪，被下到连队的师长看到了。

师长这才明白冤枉了这个战士，转怒为喜，于是对连长说："我看这个兵不错，也不能'一刀切'规定太死，就让他上吧。"就这样，这个战士被特批参加了潜伏任务。这位与师长争论的战士就是邱少云。

邱少云是四川铜梁人，曾被川军抓去当壮丁。在旧军队里，他备受欺凌，养成了沉默寡言的性格。1949 年 12 月，四川解放。邱少云被补进了当时的解放军第 2 野战军第 10 军第 29 师第 87 团第 3 营 9 连 1 排 3 班。这是邱少云人生的转折点。

来到解放军部队的邱少云依旧不爱笑，也不爱说话，但他会悄悄将自己的袜子放在磨破了脚的战友的床上，经常帮炊事班干杂活，又是挑水又是择菜，常常累得满头大汗。

在解放军这座大熔炉里，邱少云真正感受到官兵一致。他发愤训练，五大技术（射击、刺杀、投弹、爆破和土工作业）样样精通。他对武器装备特别有悟性，一摸就会，几经训练而成为一名技术尖兵。但他一直有个遗憾，就是参军前没上过学，大字不识一个。

1950 年 12 月，志愿军第 29 师划归第 15 军建制，并于 1951 年 3 月奉命入朝作战。入朝前休整时，邱少云找到连队的文化教员，要教文化教员射击，同时提出一个交换条件，就是请他教自己文化："在这个地方 40 天，能不能一天教我一个班（一个班 10 人）的字？这 40 天下来就是几百个字了。"就这样仅过了一个多月，邱少云就能自己写决心书了。此时，思想和文化方面已经发生天翻地覆变化的邱少云求战心切，一心要到战场上杀敌立功。

艰巨的潜伏任务

1952 年秋季，为粉碎"联合国军"可能的局部进攻，也为了锻炼部队，志愿军和朝鲜人民军一线部队依托阵地，对敌人连以下支撑点及个别营的防御阵地发起战术反击作战。10 月初，志愿军第 87 团第 3 营奉命向平康以南万渊里地区 391 高地进攻。

这个高地是南朝鲜军第 9 师东侧前哨阵地主要支撑点，是铁原郡的屏障，距志愿军前沿阵地约 3000 米。敌人可从高地上俯视志愿军阵地，志愿军的一举一动尽在其掌握之中。在高地上，敌人修筑了坚固的工事。南朝鲜军一个加强连盘踞在这里已有一些时日。高地前方是一片开阔地，没有任何掩护，而且全部在敌人的火力覆盖范围内。

夺取 391 高地，对第 15 军不仅有战术上的意义，还是一场"荣誉之战”。当时部队指战员中流传着一句话，“东方亮了，西方亮了，15 军不能出洋相”，意思是第 15 军东西两侧的兄弟部队都已经在全线战术反击作战中首战告捷，而第 15 军暂时还没有取得战果，所以不能打输了。

于是，第 29 师精心挑选了 500 多人的突击队，决定在头天晚上潜伏在 391 高地敌人阵地前方，第二天晚上发起总攻时突然杀出，让敌人措手不及。同时，这样也缩短了进攻的距离。这就意味着进攻部队要在敌人的眼皮底下潜伏至少一天一夜。执行潜伏任务的战士要把自己当成静物一动不动，一旦暴露就是灭顶之灾。

不过，这个潜伏任务一开始没有让邱少云参加。在战前连里的进攻演练中，邱少云展现出来的动作拖拖拉拉，许多战术由于他变形的动作而不能完成。这种不规范的动作在战场上不仅会给自己带来危险，还会影响到整个作战队伍。连长很恼怒，就要把邱少云撤出作战人员名单。

后来，连里的卫生员知道这件事后，赶紧把真相告诉了连长。原来是邱少云的腿上长了一个大脓包，而且很难处理，这才影响了训练动作。邱少云被撤出名单没多久就找到了卫生员，要他把脓包处理掉。卫生员连皮带肉挖掉这个脓包时，邱少云硬是忍着一声没吭。

连长听了备受感动，随即将他补回作战人员名单上。有人问邱少云为何不解释时，他表示：“说那些大话干什么，谁是英雄好汉战场上见！”然而到了最后，既不是党员也不是团员的邱少云还是落选了。

后来还是师长特批，邱少云才参加了这次战斗。对这次机会，他倍加珍惜。10 月 11 日 22 时，志愿军突击队到达预定潜伏区。潜伏前，邱少云向连队党支部递交了入党申请书，写道：“宁愿自己牺牲，决不暴露目标，为了整体，为了胜利，为了中朝人民和全人类的解放事业，愿献出自己的一切。”

烈火中永生

10 月 11 日 24 时，500 多名志愿军战士隐蔽在 391 高地前的草丛中。邱少云所在排潜伏在高地东侧一条杂草丛生的土坎旁边，距离敌人仅 60 多米。他们 3 人或 4 人一组分散开来，每个人从头到脚都披上伪装网，插上茅草，与周围环境融为一体。在草丛中，他们可以清楚地看到地堡里伸出来的机枪口和瞭望孔里缩头缩脑地向外张望的南朝鲜军，甚至敌人讲话的声音都能听到。

大家在这湿漉漉的草地里，从半夜潜伏到太阳升起，浑身上下又冷又酸，真想爬起来伸个懒腰，活动一下身子。但是，动不得，一动就会被高地上的敌人发现。时间就这样在焦急等待中一秒秒地过去，中间也曾发生过意外，南朝鲜军一个班钻出地堡，来到邱少云潜伏位置旁边的小河沟打水，差点儿就发现了潜伏的志愿军战士，被志愿军炮兵及时开炮消灭了。

但敌人似乎察觉到了什么，派出侦察机和战斗机对志愿军潜伏区域上空进行侦察，接着又向潜伏区域的开阔地带乱打燃烧弹和炮弹，有 1 颗燃烧弹落在了邱少云附近。飞溅的汽油燃烧液溅到他的左腿上，身上的伪装网瞬间燃烧起来。

不能动！邱少云心里很清楚，此刻山上、山下正有几十架望远镜对着燃烧的地方，只要出现一丝动静，敌人就会发现。战友们着急地用暗号向他示意：快呀！快想办法把火弄灭！但邱少云却异常冷静，他向战友们坚决地摇摇头，果断放弃就地一滚或爬到附近小水沟自救的机会。当时是中午 11 时多，离傍晚发起总攻还有 6 个半小时！

开阔地上没有出现任何动静，敌人终于停止了炮击。然而，烈火却在无情地燃烧！邱少云忍受着难以想象的痛苦，咬着牙，两手死死地抓着泥土，身体紧紧地贴着地面。熊熊的火焰继续迅速无情地蔓延着，烈火烧着了他的后背，烧着了他的头发、眉毛，把他团团围住。邱少云伏在火中一声不吭，一动不动，慢慢地、无声地闭上了眼睛……像一块不可撼动的岩石！

战士们眼睁睁看着自己的战友被烈火吞噬，心里比刀割还要难受。大家怀着对敌人的刻骨仇恨，强压着满腔怒火，等待着战斗时刻的到来。17 时 30 分，总攻时刻终于到来了。指挥员一声令下，潜伏的战士们一跃而起，悲愤地高喊“为邱少云报仇”，向敌人猛冲猛打，仅用不到 30 分钟就全歼守敌，把火红的战旗插到了 391 高地上。

此战过后，志愿军第 15 军党委根据邱少云生前遗愿，追认他为中国共产党党员，军政治部追授他“模范青年团员 ”荣誉称号。邱少云的名字被刻在 391 高地的石壁上：“为整体、为胜利而自我牺牲的伟大战士邱少云同志永垂不朽！”

战争的残酷性呼唤铁血斗士。铁血就是如钢似铁的意志，视死如归的血性。这种意志和血性使得邱少云能够战胜烈火焚烧的痛苦，创造出超越生命极限的奇迹和超越时代的伟大精神。

《邱少云之歌》中唱道：“军人天职是服从命令，钢铁的纪律是胜利保证，邱少云是学习榜样。”在抗美援朝的战场上，在极端严酷的条件下，正是因为我军有铁一般的纪律，才战胜了武装到牙齿的敌人。如今，邱少云的画像被悬挂在大江南北的每一所军营里，每一名官兵都记住了他的名字，知晓他的事迹，学习他的精神。英雄从未走远，邱少云的精神早已融入一代代官兵的血脉中，成为永远不散的军魂。

邱少云

英雄精神启示

加强纪律性，革命无不胜。人没有纪律就会像脱缰的野马，必定会掉入万丈深渊。集体没有纪律，就会成为一盘散沙，毫无凝聚力和战斗力。邱少云作为遵守纪律的典范，那种高度的组织纪律性，那种坚忍顽强的革命意志，那种高度的自我牺牲精神，永远是我们学习的榜样。

六 孔庆三：永生的英雄炮手

英雄档案

英模称号	中国人民志愿军一级战斗英雄
牺牲之地	新兴里
英雄事迹	用肩膀顶住步兵炮驻锄射击，因火炮后坐力的撞击，腹部被弹片击中而牺牲
英雄名言	保证打好出国第一仗

久经沙场的优秀炮手

1950 年 11 月的一天，在朝鲜东线战场上新兴里附近，天空中飘着鹅毛大雪，远处传来隆隆炮声。一位志愿军炮兵班长耐心地擦拭着 92 式步兵炮，为第二天的战斗做准备。从 1948 年起，这门炮就陪着他，经历了济南战役、淮海战役、渡江战役，为解放全中国立下了汗马功劳，现在又来到了朝鲜战场。在缺乏火炮的志愿军中，这种步兵炮就算是重武器了。

晚上，在团里召开的班以上骨干会上，各炮兵班纷纷要求配属到步兵连队作战。这位班长也向团长请战："首长，任务交给我们班！"团长问："你要求任务，有什么条件？"他大声回答："决心书上不是写过了？上级指到哪里，我们打到哪里，不怕艰苦困难，保证打好出国第一仗，负伤不下火线……"

当其他的班长七嘴八舌嚷起来时，他又补充道："第一，我们班不管新老战士，都有决心打好出国第一仗；第二，我们是青年班，哪一个都像小老虎；第三，我们的一炮手、二炮手，打淮海，渡长江，解放上海，光他们摧毁的敌人地堡少说也有 30 个，都是一打一个准。首长，放心吧！任务交给我们班，我们绝不会给祖国丢脸。"

"好！"最后团长答应了这位班长的作战请求。他就是志愿军第 27 军第 80 师炮兵团班长孔庆三。

孔庆三是从解放战争中磨炼出来的我军优秀炮手。1948 年 4 月，他在潍县加入华东野战军第 9 纵队，被编入第 26 师炮兵团 92 步炮连。在人民军队的教育和影响下，他思想觉悟提高很快，多次表决心要为解放事业杀敌立功。

1948年9月，在济南战役中，孔庆三所在第26师炮兵团负责从城东南发起攻击，当部队距敌人200多米时，突遭敌军子母堡的机枪扫射，副班长牺牲，班长郭福田负重伤。紧要关头，孔庆三勇敢地站出来："跟我上，消灭敌人，替班长报仇！"他在战友的掩护下，连续发射3发炮弹，摧毁敌地堡，为部队进攻扫清了障碍。

1948年11月，在淮海战役中，有一次，解放军还未来得及构筑工事，敌人地堡里的机枪就开始疯狂扫射，拦阻了解放军突击部队进攻。为了尽快摧毁敌地堡，开辟前进通路，孔庆三冒着生命危险，果断地把火炮推上开阔地，装填炮弹，瞄准射击，几发炮弹就把敌人地堡摧毁。

1949年4月，渡江战役时，孔庆三所在部队改称第3野战军第27军第80师炮兵团，他任92步炮连5班班长。在8个昼夜的追击战中，孔庆三扛着30千克重的炮筒，冒着滂沱大雨，踏着泥泞，带领全班出色地完成了追歼逃敌的任务。

东线执行阻击任务

1950年11月7日，孔庆三随部队奉命入朝参战。第二次战役发起前，第80师奉命在朝鲜战场东线执行阻击任务。孔庆三随部队连夜疾进，顶风冒雪，忍饥挨饿，经过8天的艰苦行军，终于赶到了东线天宜水里。这里距美军占领的新兴里只有十几千米的路程，从隆隆的炮声中可以断定美军正在发动进攻。92步炮连在此待命，战士们个个摩拳擦掌，准备给入侵的敌军以迎头痛击。

11月24日，以美军为首的"联合国军"发动了所谓的圣诞节结束朝鲜战争的总攻势。东线美陆战第1师、美第3师、美第7师分3路沿长津湖向武坪里、江界方向进攻。25日，第二次战役打响，第9兵团决定把第 27 军作为第 1 梯队，进至长津湖地区担任围歼新兴里和柳潭里之敌美陆战第 1 师第 7、5 团，并配合第 20 军歼灭下碣隅里之敌的任务。

孔庆三带领全班配属第 238 团的先头 8 连，参加咸兴南道长津郡新兴里外围战斗。27 日 17 时，孔庆三率全班战士出发。他们顺着山沟跑了 20 千米的路，单薄的棉衣被汗水浸透，风一吹更加寒冷刺骨。他们一连翻过两座大山，终于到达于谷里，河对岸就是新兴里。他们爬到山顶看见沟里已燃起熊熊大火，听见密集的枪声和手榴弹的爆炸声，8 连突击排与敌人的战斗已经打响。

当 8 连主力攻击到一个小岭岗附近时，前面不远处有一栋独立房屋，敌人以此做掩护，用强大火力封锁道路，志愿军步兵几次冲锋都没有成功，部队伤亡很大。连长派去爆破的战士几次冲到小岭岗上，都被敌火力击中，战斗进入僵持状态。

孔庆三赶到后，向 8 连连长请战，连长指着敌军的火力点对他说："孔班长，你看前方那个独立房屋，敌人的火力是从屋底下向外发射的，他们的工事既隐蔽又坚固，必须尽快打掉它！"连长停了片刻又说："同志们左右都绕不过去，这一仗能不能打好，就看我们能不能消灭这个火力点了。"

孔庆三一面听，一面仔细地观察着山岗附近的地势，发现山岗前后、左右均没有可以利用的地形，只能把炮架到岭岗上边才能炸掉这个堡垒。而岭岗距离射击目标只有 20 多米的距离，没有超出炮弹爆炸的危险区域。如果要用炮弹摧毁敌军火力点的话，执行任务的战士肯定会有生命危险。但此时危险已算不上什么了，关键是把敌人的火力点摧毁，为突击连打开前进通道。孔庆三最后下定决心，斩钉截铁地说："连长请放心，我们一定摧毁它！"

以身当炮架，打开胜利路

孔庆三带着两名战士，利用地形隐蔽地接近独立房屋，由于有小岗遮挡，炮无法直射。他果断将炮弹杀伤半径为 25 米的炮推到距射击目标只有 20 米的岭岗。

岭岗地面冰冻，光滑而坚硬，无法构筑炮阵地。他发现左边有个土包，过去一看，是一块冻结在土中的石头。他让战士把炮推过来，架在上面，准备发射。突然，有人喊："不行！"只见那右驻锄翘起有一尺多高，如此悬空着一条炮腿是很难击中目标的。这时，伏在坡口上的步兵正在着急地嚷着："咋搞的，这么慢?！新兴里的敌人跑了怎么办?"

孔庆三意识到多延误一分钟，就会多一分伤亡。于是，他毫不犹豫地俯下身子用左肩膀顶住炮驻锄，大声喊道："填炮弹，瞄准向敌人的火力点射击！"

二炮手看见班长用肩头支撑炮驻锄，知道只要一开炮，班长的生命就会有危险，于是他跳到孔庆三跟前说："班长，这样发射太危险，会要了你的命！"一炮手拉着引环，也犹豫了。孔庆三咬紧牙，脸上流着汗，冲着一炮手大声吼道："快拉火！不然就来不及了！没看到 8 连倒下了多少战友吗？听我的命令，开炮！"

一炮手眼含泪水，咬牙一拉环，只听"轰"的一声，敌人的火力点应声飞上了天。胜利的道路被打开了，可是孔庆三却因火炮后坐力的巨大撞击，整个人被掀飞，同时被一块弹片击中腹部而壮烈牺牲。

孔庆三以身当炮架，打开胜利路。在接下来的新兴里战斗中，英勇无畏的志愿军第 27 军用劣势装备全歼了号称"北极熊团"的美军第 7 师第 31 加强步兵团，并击毙其上校团长麦克莱恩，缴获其团旗，创造了一个以

孔庆三

劣胜优、以弱胜强的光荣范例。

为表彰孔庆三的英雄事迹，1952 年 9 月 24 日，志愿军领导机关给孔庆三烈士追记特等功，授予“中国人民志愿军一级战斗英雄”荣誉称号，并把他的名字镌刻在朝鲜咸兴南道长津湖畔的志愿军烈士纪念塔上。在烈士的家乡，孔庆三的遗像被悬挂在济南东郊大王山革命烈士陵园纪念堂的中央，供后人凭吊、瞻仰。

英雄精神启示

凡人之所以成为英雄，就是在关键时刻敢于亮剑，下定决心，不惜一切代价去夺取胜利。在抗美援朝战场上，巨大的精神力量可以弥补武器装备的劣势，简陋的轻型步兵炮在英雄的舍身操作下可以迸发出强大战斗力，击败火力强大的美军，这就是“钢少气多”的志愿军能战胜“钢多气少”的美军的秘诀。这说明人在极端情况下，往往可以发挥出巨大的主观能动性，以弥补客观条件的不足，想方设法克服困难达成目标，这也是孔庆三精神带给我们的启示。

七 曹玉海：身经百战的英雄营长

英雄档案

英模称号	中国人民志愿军一级战斗英雄
牺牲之地	350.3 高地
英雄事迹	指挥打退敌人 7 次进攻，最后中弹牺牲
英雄名言	把敌人打下去

再披戎装赴朝鲜

1950 年 7 月下旬的一天，一位身穿旧军服的监狱干部北上路过武汉第 38 军第 114 师临时驻地，他找到了自己的老战友——第 342 团政治处副主任，一开口就说："老伙计，让我回部队吧！"副主任看着他乐了，说："你现在不是武汉监狱的头头吗？就在这里安家呗。都要打仗了，还想着回部队？"

这位转业干部就是时任武汉监狱长的曹玉海。他是第 38 军著名的战斗英雄，原第 342 团第 1 营营长。从 1945 年进入东北到 1948 年，他先后在战斗中立功 7 次，其中立大功 3 次，获奖章 5 枚，并数次被评为"战斗英雄""战斗模范"。在著名的四平保卫战中，曹玉海所在 56 团与兄弟部队冒着国民党军猛烈的炮火，打退敌人无数次进攻。他多次负伤，送下阵地包扎后又立即重返前线继续战斗，被军部评为"战斗英雄"，并与另外 9 名英雄一起被评为"保卫四平十勇士"。1949 年 6 月，部队溯江西进，他在宜昌战役中再次负了重伤，被部队安排到后方医院治疗。他伤愈后，组织上考虑到他身体很虚弱，决定安排他转业到武汉监狱任监狱长。

曹玉海说："不打仗我还不来找你呢。安家？美国鬼子让安吗？看来成心不让我们过安稳日子，我是铁了心要回部队！"副主任不敢做主，带着曹玉海见团长、政委。团长听了，开玩笑地说："你个曹玉海，是'二进宫'啊。"

这是曹玉海第三次参军。1943 年 1 月，八路军山纵二旅驻扎莒南一带时，曹玉海毅然参军，走上了抗日前线。他参军后不久，在一次反"扫荡"战斗中负了重伤，被部队送回家养伤。这年秋天，起义后归八路军建制的原东北军第 111 师在他的家乡驻扎，曹玉海坚决要求重返前线，便加入了新第 111 师，也就是第 38 军第 114 师的前身，所以团长说他是“二进宫”。

曹玉海以为团长批准了，不料政委插话说：“听说你要结婚了，那姑娘能同意吗？”曹玉海有些着急地说：“我是宁肯不结婚，也要回部队！”团里见他如此坚决，只好报到师里，师里也做不了主，又向中南军区反映，跟当地政府协商后，终于同意曹玉海重返部队。

在告别未婚妻时，曹玉海看着她那泪水盈盈的眼睛，语重心长地说：“我不是不需要幸福，我不是天生愿意打仗，可敌人要剥夺我们的幸福，我不能有别的选择。”在踏上征程前，曹玉海婉拒了未婚妻提出的结婚要求，并劝她不要等他了。

有战友问，为什么不结了婚再走？曹玉海答，万一死了对不住人家。

多次完成突击任务

1950 年 10 月 25 日，志愿军打响第一次战役。11 月 1 日晚，第 114 师第 342 团作为第 38 军后卫进驻熙川，曹玉海担任第 2 营营长。此时，熙川已成空城，当部队安顿下来之后，突然响起调兵号声，面对这突如其来的遭遇战，曹玉海果断命令全营向团部靠拢，与第 1 营对敌军形成前后夹击之势。

眼看南朝鲜军已占领有利地形，曹玉海大喊一声：“跟我上！”便带头冲入敌阵，双方混战在一起。从夜晚激战至黎明，志愿军将南朝鲜军第 6 师击退。这一仗中曹玉海带领第 2 营配合第 1 营作战，歼敌一个营，俘敌 400 余人，其中俘获美军顾问 5 人。第一次战役结束后，曹玉海调任第 1 营营长。

11 月 6 日，第二次战役打响。志愿军第 114 师部署于西线地区，第

342 团第 3 营很快攻占嘎日岭，为主力穿插迂回打开了通道。11 月 28 日，第 342 团进至价川北面的阳站，发现土耳其旅 1 营驻守于此，企图阻止志愿军第 38 军的迂回包围，掩护西线美第 1 军向南撤退。第 342 团将主攻阳站的任务交给第 1 营。

战斗打响后，志愿军遇到土耳其旅顽强抵抗，曹玉海派出 3 连几次强攻未能成功，改让 3 连以战斗小组为单位分散进攻，打得敌人顾头难顾尾，防御体系很快土崩瓦解，3 连占领了主阵地。

在 3 连攻击的同时，2 连按照曹玉海的部署神出鬼没地直插阳站街西，截住敌军汽车 20 多辆，1 排集中火力急袭，土耳其旅死伤惨重。正当 2 连与敌人战斗激烈进行之时，遭到阳站街南敌炮火猛烈轰击，曹玉海命令 3 排 8 班偷袭敌炮阵地，将敌 14 门榴弹炮全部炸毁。

第二天，敌军在飞机配合下，向 3 连阵地疯狂反扑，对巷战中的 2 连也进行反冲击，2 连陷入包围之中。危急关头，曹玉海亲自带领预备队 1 连投入战斗，团长也命令第 2 营前往增援。战至 10 时，曹玉海率军将土耳其旅 1 个营全部歼灭，在关键地段彻底封锁住了美军南逃的退路，为第 38 军主力在第二次战役中歼灭美军 3600 余人奠定了基础。

12 月 31 日，第三次战役开始。志愿军第 38 军进攻的地段是通往汉城的咽喉要道，南朝鲜军设有重兵把守。第 342 团命令第 1 营为主攻，以汉滩川北岸的一段峭壁石山为突破口。此时风雪交加，气温在零下 20 多摄氏度，部队官兵身披白布单隐蔽在雪地里。17 时，部队在炮火延伸后发起攻击。担负突击任务的 1 连不等浮桥架好就冒着严寒跳进冰冷的河水中冲向对岸，迅速抢占了第一座山头。经过近 20 个小时的连续作战，曹玉海带领第 1 营穿插 20 多千米，攻克 10 多个支撑点，歼敌 420 多人，胜利完成突击任务。

把敌人打下去

1951 年 1 月 25 日，第四次战役拉开序幕。志愿军第 342 团第 1 营受命防守京安里以北地段，曹玉海将主阵地设在 350.3 高地，主要阻击从京安里出击的美骑兵第 1 师。为了确保东线歼敌，团长要求曹玉海在 350.3 高地，“一定要坚守到 2 月 12 日下午 3 点钟！”

战斗异常激烈。2 月 11 日，美骑兵第 1 师在飞机、大炮、坦克的配合下，向第 1 营 2 连阵地发起进攻，2 连官兵打退了敌人的多次攻击，歼敌 130 余人，但自身也伤亡很大。根据战斗情况，曹玉海命令 2 连撤到 350.3 高地，将指挥重点放在高地前沿的 3 连。

他对 3 连指战员说：“要注意保存实力，机动地使用兵力，现在我们要一个人顶十个人用才行啊！大家要严格遵守射击纪律，敌人步兵不进入我们火力网不准打！等敌人走近了先扔手榴弹，然后再用排子枪和轻机枪猛打！”

12 日拂晓，美骑兵第 1 师一个团在 24 架飞机、52 辆坦克和 50 门大炮的配合下，向 350.3 高地接连发起 3 次攻击，均被 3 连击退。敌人在阵地前留下 200 多具尸体后，战场平静下来。“不能轻敌！”曹玉海嘱咐连长赵连山，“现在阵地上只有 60 多个人，却要抗击半个团的敌人，大仗还在后面。”

果然，美军第 4 次进攻开始了。在空地火力的掩护下，由 3 路进攻变成 5 路。面对四面八方来袭的敌人，曹玉海指挥部队顽强反击，将敌人死死地压在阵地前沿。这时，师里打来电话问曹玉海能不能守住，曹玉海知道全军与敌人的战斗都已进入白热化，已经无兵可调，他在电话中回答：“首长，有我曹玉海在，你就放心吧！”

过了一阵，团长又来电询问：“能不能坚持到下午 3 时？”曹玉海回答：

“团长，你放心吧！有我在，美国人就上不来！”这时，通信员跑来报告，敌人已经迂回过来，包围了营部。曹玉海感到情况紧急，向团长说：“团长，敌人包围了营部，我向你告别了！”

团长在电话里吼道：“曹玉海！曹玉海！……”电话里没有回应，团长撂下话筒，像疯了一样往掩蔽部外面跑，喊着要亲自把敌人打下去。团政委拦腰抱住他说：“你冷静点，防御战不是一两天的事情！”

此时 350.3 高地上空下起了小雪，曹玉海拿起驳壳枪，带领营部人员和从 1 连阵地上撤下来的 10 来个战士冲了出去，并大声呼喊：“把敌人打下去！”曹玉海边往前冲，边向敌人开火，一梭子弹撂倒了好几个敌人。各掩体的战士们见营长带头冲锋，纷纷跳出弹坑，与敌人进行殊死搏斗，再一次将冲上来的敌人打了下去。

就在这时，数颗子弹打中了曹玉海的头部和胸部，他最后喊道：“注意监视敌人！”之后就倒下牺牲了。在零下 20 摄氏度的低温中，曹玉海身上喷涌而出的热血很快与厚厚的积雪冻结在一起。顿时，“为营长报仇”的喊杀声在阵地上响起，当师里派来的增援部队终于赶到 350.3 高地时，阵地上只剩下 2 人幸存。

曹玉海带领 1 营的勇士们用鲜血和生命打退了美军骑兵第 1 师的 7 次进攻，歼敌 680 余人，奇迹般地守住了 350.3 高地，保证了志愿军从东线顺利出击。

战后，团里在清理烈士遗物时，发现曹玉海直到牺牲时都一直珍藏着未婚妻写给他的信，以及一对绣着“永不变心”的枕套。

1954 年 2 月 13 日，为了表彰曹玉海的英雄事迹，志愿军给他追记特等功，并追授“中国人民志愿军一级战斗英雄”称号，同时给曹玉海所在的 1 营记集体一等功。战后，人们称曹玉海为“万岁军”第 38 军群英中最耀眼的“金星”。

英雄精神启示

国家兴亡，匹夫有责。曹玉海曾3次参加人民军队，在抗日战争、解放战争中身经百战，为新中国的成立流过血、立过功，他完全有资格在后方享受和平的生活。然而，在祖国需要的时候，他没有在功劳簿上睡大觉，而是毅然放弃安稳的工作，忍痛告别未婚妻，奔赴朝鲜战场，为保卫祖国流尽了最后一滴血。这是一种多么高尚的品德！这是一种多么可贵的精神！这是一种多么崇高的境界！无论时代如何变化，我们都需要曹玉海这种舍小家顾大家的精神。诚如鲁迅先生所言：“我们从古以来，就有埋头苦干的人，有拼命硬干的人，有为民请命的人，有舍身求法的人，……这就是中国的脊梁。”

八 杨连弟：抢修大桥的“登高英雄”

英雄档案

英模称号	中国人民志愿军一级战斗英雄，朝鲜民主主义人民共和国英雄
功勋奖章	朝鲜金星奖章、朝鲜一级国旗勋章
牺牲之地	清川江大桥
命名部队	杨连弟连
英雄事迹	在清川江大桥指挥连队架桥时，被敌机投下的定时炸弹弹片击中头部而牺牲

从职工到“登高英雄”

1951 年 1 月初，朝鲜战场前线激战正酣，后方平壤通往德川的铁路线却遭美军空袭，南沸流江大桥二孔钢梁被炸塌。抢修任务由铁道兵团第 1 师第 1 团承担，上级要求 4 连 7 天内修复。时间紧、任务重，4 连急需得力人手增援，派谁去呢？团长犯了难。政委在一旁提醒：“你忘了咱们团大名鼎鼎的‘登高英雄’了？这个同志干工作会动脑子，完成任务从不打折扣。”

政委说的“登高英雄”正是该团 1 连排长杨连弟。杨连弟参加解放军铁道兵纵队时已经 30 岁，他之前在天津当过学徒、电工、三轮车夫，进入纵队后成为 1 支队第 1 桥梁大队职工。

1949 年 8 月，为支援解放军向大西北进军，杨连弟随队转战陇海铁路，担负洛阳至交口段的抢修任务。不久后，杨连弟便接到了第一个艰难的任务：修复陇海铁路 8 号高桥。这可不是一座普通的桥，仅桥墩就高 45 米，大概相当于现在的 15 层高楼那么高，而且没有任何依托，被称为“陇海天险”。

抢修的主要任务就是铲平桥墩顶部被炸坏的突出部分，再铺设一道桥面，任务艰难程度可想而知。18 名战士被选入攻坚组，杨连弟被选为攻坚组组长。

为了登上桥墩顶面，杨连弟带领 18 名战士搭单面云梯，他冒着生命危险第一个登上了 8 号桥 2 号桥墩，在上面打眼、爆破 100 余次，硬是将 2 号墩顶面 26 立方米的突出部分铲平了。然后，18 名勇士在他的带动下分组行动，最后按照上级的时间要求胜利地完成了桥梁搭设任务。

事后，杨连弟因出色完成抢修 8 号桥的任务而荣立大功 1 次，受到了铁道兵第 1 师师长的接见，并被授予“登高英雄”的称号。

1950 年 9 月，杨连弟光荣入伍，不久被推荐到北京参加国庆观礼，出席了第一届全国工农兵战斗英雄、劳动模范代表大会，并被选入大会主席团。11 月，杨连弟作为第一批中国人民志愿军铁道兵开赴朝鲜战场前线。

面对抢修南沸流江大桥的紧急任务，经过政委的提醒，团里就让杨连弟带领一个起重组到 4 连支援。杨连弟到 4 连后，发现夜间吊装钢梁的进度很慢。他便在天亮后蹲在桥头隐蔽处观察敌机的活动规律，发现敌机虽然来去频繁，但前后两批之间有一段间隙。于是，他建议白天利用敌机轰炸间隙组织抢修。得到同意后，杨连弟带着由 8 名同志组成的抢修小组，每人腰间系一条长绳子，然后登上 15 米高的桥墩，将掉落在江中的钢梁拉起来。敌机来袭时，他们利用腰间绳子从桥墩上滑下来进行隐蔽，敌机飞走后接着作业。最后，他们提前两天完成了抢修任务，杨连弟获东北军区通令嘉奖。

几天后，南沸流江大桥再次被炸坏，上级决定在抢修正桥的同时再建一座便桥。杨连弟所在的 1 连负责在北岸桥头挖出一条深堑，将铁路从正线引过来。天寒地冻，杨连弟和战友们挥动着十字镐干了两天，平均每人才挖了 0.8 立方米。杨连弟与同组的 3 人组成攻关小组，创造了“掏心去皮”的办法，在连队推广后工效提高到平均每人可挖 2.5 立方米，提前 3 天完成任务，杨连弟再次立功。

这把工具可不能扔

1951 年 7 月，美军派出数千架次的轰炸机把数百吨的炸弹倾泻在清川江大桥上。大桥上最关键的 3 号桥墩被炸毁，志愿军 92 列火车的军用物资滞留在了清川江边。上级命令不惜一切代价迅速恢复通车。杨连弟奉命带一个排去抢修被炸毁的清川江大桥。

此时的清川江正发生特大洪水，江水在一天中猛涨 6 米，7 月 28 日、

USAF
USAF
杨连弟

30 日的 2 次洪峰把正桥上用几千根枕木搭成的桥墩冲得无影无踪，庞大的钢梁也被咆哮的急流卷走，情况十分危急。杨连弟不会游泳，但第一个系上钢丝绳跳进湍急的江水里，在最前面抢修。他们刚刚搭好的便桥转眼就被洪水冲毁了，便桥搭建了 11 次都没有成功。由于长时间在水中浸泡，杨连弟的手脚皮肤已经溃烂了。上有美军飞机轰炸，下有 40 年一遇的大洪水，这可难坏了铁道兵们。

正当大家束手无策之际，杨连弟想出了用交叉钢梁立在江底，并把汽油桶与钢轨捆在一起搭建浮桥的绝妙办法。然后他便身先士卒地冲进风雨里施工，钢轨一根接着一根伸向江底，眼看就要完工了，战士们被这即将到来的胜利鼓舞着，动作也轻快起来，沉重的钢轨被他们熟练地一根根接上去。

杨连弟回身接一根钢轨的时候，突然一个震动，使他两手扑了个空，掉进了江里。江水卷着浪花，一下子就把他吞没了。战友们追出 100 多米，才把杨连弟救上岸，这时杨连弟手里还牢牢握着沉重的钳子。战友们纷纷不解，命都要没了还拿着钳子干什么？他却说：“同志们，这把工具可不能扔，前线打敌人要枪炮子弹，咱们在后方干抢修工作，这是咱的武器，没有这个可干不了。”

杨连弟与战友们在激流中创造出了修桥历史上前所未有的钢轨架浮桥技术，比计划提前两小时架到 3 号桥墩上，使中断通行的清川江大桥胜利提前通车，随后满载军需物资的列车一列一列地通过大桥，源源不断地开往前线。杨连弟因此荣立一大功、两小功。

1951 年 8 月，杨连弟出席铁道兵团首届庆功大会，当选为志愿军归国观礼代表团代表，到北京参加国庆观礼，并出席了全国铁路劳动模范代表大会，列席中国人民政治协商会议第一届全国委员会第三次会议，并受到毛泽东接见。

血染清川江大桥

1952年3月，杨连弟返回前线，被提升为技术副连长。此时，1连已转战到百岭川大桥，这是美军飞机实行“绞杀战”的重点轰炸目标。这座桥位于500米半径弯道上，东靠峭壁，西邻清川江，是满浦线上的枢纽。一天夜间，大桥遭敌机轰炸，杨连弟连忙去察看情况，当他走到第6孔梁上时，一颗定时炸弹爆炸，巨大的冲击波把他掀倒。他的前额被划开一条大口子，他顾不上包扎，继续检查，发现第5、7孔梁也断了。杨连弟立即向连长汇报大桥被炸情况，然后组织部队立刻进行抢修。天亮时，抢修工程已完成一半。

就在这时，防空枪响了，2架敌机向着大桥直冲过来。此时，杨连弟正在指挥3排立排架，如果大家一松手，刚刚立起来的排架就会倒下去。于是，他几步上去用手拉住绳子高声喊道：“同志们！不要松手，坚持住啊！”听到喊声，大家都紧紧拽住绳子，一动不动。敌机飞过头顶，一排子弹从排架上扫过去，打在河滩上。最终，大桥按时修好了。夜幕降临时，十几列满载着军用物资的列车从桥上缓缓通过。

1952年四五月间，杨连弟随部队又回到东清川江大桥。敌机对大桥的轰炸更加频繁，大桥一次又一次遭到破坏，他们一次又一次组织抢修，始终保持这座“打不烂、炸不断”的大桥畅通。

5月15日清晨，一团团高射炮弹爆炸的余烟还残留在清川江桥上空，杨连弟又带领战士们检查桥梁。他发现新修起来的第3孔钢梁，由于夜里过车太多，被震得移位了5厘米。他派人抬来压机，准备移正钢梁。就在杨连弟指挥战士们起梁的时候，一颗未被发现的定时炸弹爆炸了，一块弹片击中他的头部，“登高英雄”杨连弟倒下了。

为表彰杨连弟的英雄事迹，1952 年 6 月 4 日，志愿军领导机关给杨连弟烈士追记特等功，追授“中国人民志愿军一级战斗英雄”荣誉称号，并命名他生前所在的铁道兵团第 1 师第 1 团 1 连为“杨连弟连”。1953 年 6 月 25 日，朝鲜民主主义人民共和国最高人民会议常任委员会追授杨连弟“朝鲜民主主义人民共和国英雄”称号，并授予其一级国旗勋章、金星奖章。

英雄精神启示

杨连弟的军旅生涯只有短短3年，却接连荣获中国人民解放军和志愿军的最高荣誉。他没有用枪炮杀敌，却通过抢修铁路桥梁，保证了志愿军的物资供给，为保卫钢铁运输线献出了宝贵的生命。从杨连弟的“登高精神”中，我们能够感悟到英雄立功未必要在战场，一个小小的螺丝钉、一把不起眼的扳手也能在关键时刻发挥重要作用。有了这种精神，普通人在平凡的岗位上也能攻坚克难、勇攀高峰，做出不平凡的业绩。

九 杨育才：奇袭敌后的特战英雄

英雄档案

英模称号	中国人民志愿军一级战斗英雄，朝鲜民主主义人民共和国英雄
功勋奖章	朝鲜金星奖章、朝鲜一级国旗勋章
成名之战	金城反击战役
英雄事迹	带领侦察班化装深入敌后，消灭敌军精锐“白虎团”团部

化装深入敌后

1953 年 7 月，志愿军发起夏季反击战的第三次进攻——金城反击战役。志愿军西集团第 68 军第 203 师突击部队迅速突破南朝鲜军防线。13 日深夜，该师派出一支穿插分队向敌纵深急速挺进。一个精干的侦察班担任穿插分队的尖刀班。不寻常的是，带领这个侦察班的是一个穿着美军制服的“美国顾问”，还有 12 名化装成南朝鲜军的侦察兵。

这位大个子的“美国顾问”就是侦察排副排长杨育才。他之所以能够带队穿插，不仅是因为他个子高、鼻子大，外形有点像美国人，而且胆大心细、善于捕俘，入朝作战以来多次出色地完成侦察任务。他曾在金城反击战中，带领全班打退了敌人 1 个连的包围进攻，先后荣立 3 次三等功、1 次二等功，从副班长提升为侦察排副排长。战友们叫他“大力士”“小诸葛”和“飞毛腿”。

这次穿插中，杨育才率领的尖刀班执行突袭南朝鲜军精锐的首都师第 1 团——“白虎团”团部的任务。他们冒着敌军密集的炮火，在夜色的掩护下，沿着设计好的侦察路线，插入敌军 308 高地，进入 415 高地。深入到敌人腹地后，杨育才发现狡猾的敌人警备异常严密，在他们前面设有重重岗哨。杨育才一边率队快速穿插，一边想如何逮住一个“舌头”，问出敌人的口令，以便顺利插进“白虎团”团部。

突然，公路上空又一次升起了照明弹，杨育才在回头检查尖刀班的队员时发现后面多了一个人，他们以迅雷不及掩耳之势抓住了那个家伙。原来他是被志愿军炮火吓破了胆的敌兵，躲在沟边的草丛里，当尖刀班在公路上跑过时，他误以为是自己的队伍撤退了，就跟在后面往南跑。

这正是送上门来的“舌头”，从这个敌兵口中很快问出敌人的口令和

“白虎团”团部的情况。杨育才让战士把俘虏捆起来，嘴里塞进毛巾，放在草丛中隐蔽起来。刚处理完俘虏，杨育才听到草丛中传来沙沙的响声，他断定有敌军走来，悄悄示意侦察员抓住机会对口令。来得正是敌军的游动哨，对上口令后顺利通过，杨育才带着尖刀班如 13 支利箭，飞快地向二青洞南朝鲜军“白虎团”团部奔去。

在昼夜奔袭中，杨育才和其他 12 名战友没吃过一顿饭，没合过一次眼，饿了就抓把野菜加炒面填填肚子，困了就吃个红辣椒提提神，谁也不言苦累，一心只想完成任务。

奇袭“白虎团”团部

进入“白虎团”团部驻地时，尖刀班被停在公路上的敌军首都师机甲团第 2 营车队阻隔。杨育才果断指挥袭击，趁敌人慌乱之机，冲过公路，直扑“白虎团”团部二青洞。杨育才指挥尖刀班 3 个组分头作战，冲进敌警卫室、会议室。恰在此时，担负袭击敌军警卫室的第一小组的枪声骤然响起。杨育才大喊一声：“打！”

侦察员包月禄、李志对准窗口投进两枚手榴弹。随着两声巨响，一个巨大的火球从作战室里蹿出，屋里的电灯熄灭了。敌军团长一时搞不清出了什么事，团部内乱作一团。趁着烟雾，尖刀班像从天而降的神兵冲了进去，一阵扫射，敌军被打得措手不及，晕头转向，四处逃窜。敌机甲团团长被当场击毙，其余的敌人在前有枪口、后无退路的情况下，只好纷纷投降。

尖刀班仅用十几分钟就结束了战斗，在“白虎团”团部毙敌 97 人，俘敌军事科长、榴炮营副营长等 19 人。这时杨育才一眼看到会议室墙边有个铁架子，上面挂了一面绣着一只龇牙咧嘴的白色虎头的军旗。他上前一把扯下这面绣工精美的旗子，这就是南朝鲜总统李承晚亲自授予“白虎团”的“优胜”虎头旗。“白虎团”团旗就这样成为志愿军的战利品。

杨育才率领的尖刀班在打掉“白虎团”团部后，又一鼓作气地炸掉了附近的油库、弹药库，爆炸声此起彼伏，熊熊烈火映红了天空。至此，杨育才率领的尖刀班圆满完成了突袭任务，为金城反击战役取得最后胜利做出了突出贡献。令人称奇的是尖刀班包括杨育才在内一共 13 人无一伤亡，创造了我军特种作战史上的奇迹。

由于功绩卓著，1953 年 10 月 13 日，中国人民志愿军领导机关为杨育才记特等功，并授予“中国人民志愿军一级战斗英雄”称号。1953 年 12 月 15 日，朝鲜民主主义人民共和国最高人民会议常任委员会授予杨育才“朝鲜民主主义人民共和国英雄”称号和金星奖章、一级国旗勋章。尖刀班荣立集体特等功，荣获一面上书“英勇插入敌心脏，捣毁匪窠建奇功”的特等功奖旗。

杨育才的朝鲜金星奖章和朝鲜一级国旗勋章作为一级文物被中国人民革命军事博物馆收藏。尖刀班缴获的“白虎团”的“优胜”虎头旗也收藏在军事博物馆内，成为“白虎团”惨败的历史见证。

战后默默无闻

从朝鲜凯旋后，杨育才出席了全军英雄大会，受到毛泽东等党和国家领导人的亲切接见。后来，他逐渐淡出了人们的视野，在基层默默无闻地奉献。

1964 年 8 月，毛泽东在北戴河观看京剧《奇袭白虎团》时想起了曾经的战斗英雄杨育才，就问身边的总政治部主任萧华：“这人还在不在，任什么职务？”萧华回答说：“不大清楚。”演出结束后，萧华立即让济南军区了

张桃芳 精神启示

从打靶挂零的“生瓜蛋子”到头号狙击英雄，张桃芳全靠刻苦训练和实战磨砺，练就了一身杀敌本领，才取得名载史册的传奇战绩。只要功夫深，铁杵磨成针，新时代的青少年要想成就一番事业，未来担当大任，必须要有丰富的知识、过硬的本领，求真学问，练真本领，学一行爱一行，专一行精一行，才能赢得主动、赢得未来。

罗盛教 精神启示

罗盛教作为一名战士，没能在他渴望战斗的战场上立功，而是在后方为救一名朝鲜儿童献出了年轻的生命，同样是惊天动地的英雄。他把对敌人的恨化为对朝鲜人民的爱，在生死考验面前，用伟大的国际主义精神为用鲜血凝成的中朝友谊添上了浓墨重彩的一笔。这种精神告诉我们每个人，不要抱怨命运没有给予建功立业的机会，其实人生处处是“战场”、时时有考验，当机会来临时要问问自己，准备好了吗？

张积慧

精神启示

张积慧从空战“菜鸟”成长为王牌飞行员，以初生牛犊不怕虎的精神与顶尖高手对决，并将其击毙。张积慧书写了属于中国人的空战奇迹！他的英雄事迹鼓舞着一代又一代人茁壮成长。狭路相逢勇者胜，没有人一开始就是行家里手，也没有人能够随随便便成功，敢于战斗才能胜利，这才是顶尖高手的制胜法宝。

伟大抗美援朝精神

★ 祖国和人民利益高于一切、为了祖国和民族的尊严而奋不顾身的爱国主义精神。

★ 英勇顽强、舍生忘死的革命英雄主义精神。

★ 不畏艰难困苦、始终保持高昂士气的革命乐观主义精神。

★ 为完成祖国和人民赋予的使命、慷慨奉献自己一切的革命忠诚精神。

★ 为了人类和平与正义事业而奋斗的国际主义精神。

杨根思精神启示

“忠诚、无畏、向上”是杨根思的秉性，也是“三个不相信”精神的源头。杨根思成为英雄，与他敢打、擅打、智打是分不开的。在28年的生命中，他总是困难越多则斗志越高，挑战越大则干劲越足，对手越强则拼得越凶，始终像一颗上了膛的子弹，随时准备战斗。如果我们都能像特级战斗英雄杨根思那样既有决心更有行动，既有想法更有办法，既有目标更有结果，那么在人生的道路上就一定能披荆斩棘、行稳致远。

黄继光精神启示

世上没有从天而降的英雄，只有挺身而出的凡人。如今，绝大多数人在一生中不会面对血与火的战场考验，更不可能做出“舍身堵枪眼”的惊天壮举。但在平凡的人生中，我们仍要经历无数或大或小的艰苦考验，只有平时练好本领，关键时刻才能站出来、冲上去。每当遇到攻坚克难的关键时刻，我们仍需要黄继光的“堵枪眼精神”，只要有这种大无畏精神，任何人都会成为主宰自己命运的英雄。

伍先华 精神启示

压倒一切敌人而不被任何敌人所压倒，征服一切困难而不是被困难所征服。伍先华以自己的生命展现了不畏强敌、舍生忘死的英雄气概。他善于动脑筋，发挥自己的聪明才智，解决了许多坑道构筑的实际问题，成为爆破能手，光荣立功入党，带出了“伍先华班”这个坚强集体。我们既要学习他英勇无畏的战斗精神，也要学习他善于发挥主观能动性、勇于战胜一切困难的进取精神。有人说，假如伍先华生活在今天，凭他的聪明才智，一定能在土木工程学方面有所成就。在和平的年代，我们又有什么理由不发挥自己的聪明才智去不断克服前进道路上的“拦路虎”呢？

孙占元 精神启示

“生上英雄榜，死当烈士碑”已成为孙占元所在连队的血性誓言，至今薪火传承。新兵下连队第一天，不知道连长、指导员是谁，但一定知道孙占元是谁。在孙占元身上，“共产党员”“指挥员”这沉甸甸的称号意味着使命与责任，意味着身先士卒，意味着生命不息则战斗不止。正是有无数像孙占元这样的党员在关键时刻高呼“跟我上”，才铺就了上甘岭战役胜利的道路。无论时代如何变化，共产党员在任何岗位、任何时候都要发挥先锋模范作用，这个传统永远不能丢，也不会丢。

邱少云

精神启示

加强纪律性，革命无不胜。人没有纪律就会像脱缰的野马，必定会掉入万丈深渊。集体没有纪律，就会成为一盘散沙，毫无凝聚力和战斗力。邱少云作为遵守纪律的典范，那种高度的组织纪律性，那种坚忍顽强的革命意志，那种高度的自我牺牲精神，永远是我们学习的榜样。

孔庆三精神启示

凡人之所以成为英雄，就是在关键时刻敢于亮剑，下定决心，不惜一切代价去夺取胜利。在抗美援朝战场上，巨大的精神力量可以弥补武器装备的劣势，简陋的轻型步兵炮在英雄的舍身操作下可以迸发出强大战斗力，击败火力强大的美军，这就是“钢少气多”的志愿军能战胜“钢多气少”的美军的秘诀。这说明人在极端情况下，往往可以发挥出巨大的主观能动性，以弥补客观条件的不足，想方设法克服困难达成目标，这也是孔庆三精神带给我们的启示。

曹玉海精神启示

国家兴亡，匹夫有责。曹玉海曾3次参加人民军队，在抗日战争、解放战争中身经百战，为新中国的成立流过血、立过功，他完全有资格在后方享受和平的生活。然而，在祖国需要的时候，他没有在功劳簿上睡大觉，而是毅然放弃安稳的工作，忍痛告别未婚妻，奔赴朝鲜战场，为保卫祖国流尽了最后一滴血。这是一种多么高尚的品德！这是一种多么可贵的精神！这是一种多么崇高的境界！无论时代如何变化，我们都需要曹玉海这种舍小家顾大家的精神。诚如鲁迅先生所言：“我们从古以来，就有埋头苦干的人，有拼命硬干的人，有为民请命的人，有舍身求法的人，……这就是中国的脊梁。”

杨连弟

精神启示

杨连弟的军旅生涯只有短短3年，却接连荣获中国人民解放军和志愿军的最高荣誉。他没有用枪炮杀敌，却通过抢修铁路桥梁，保证了志愿军的物资供给，为保卫钢铁运输线献出了宝贵的生命。从杨连弟的“登高精神”中，我们能够感悟到英雄立功未必要在战场，一个小小的螺丝钉、一把不起眼的扳手也能在关键时刻发挥重要作用。有了这种精神，普通人在平凡的岗位上也能攻坚克难、勇攀高峰，做出不平凡的业绩。

杨育才

精神启示

奇袭“白虎团”威震敌胆，战功事迹名扬华夏，书写传奇的杨育才一度是家喻户晓的英雄，但他从战场返回祖国后从不居功自傲，也不向组织伸手要名要利，默默无闻地奉献，几十年如一日。用他的话说就是“从来不把自己看成是什么英雄，也觉得没有什么值得炫耀的”。杨育才在战场上战胜了敌人，在战场外经受住了功名利禄的考验，不愧为真正的英雄。

王海精神启示

在朝阳下俯冲，迎着西风开火。刻在机身上的星星，是战士们的巡航坐标。王海带领“空中尖刀”以一当十，战胜了不可一世的空中强盗，带出了一个光耀史册的英雄集体。从王海的精神可以悟出，英雄的最高境界不是单枪匹马，而是既成为集体的英雄，还要带出英雄的集体，这是王海给人民空军留下的宝贵财富，也是我们要发扬光大的英雄基因。

赵宝桐

精神启示

世上无难事，只怕有心人。从放猪娃到“空战之王”，赵宝桐经过艰苦的努力实现了超越自我的巨变。梦想是要有的，人人都想争第一，光说不练只能是空想，是永远不可能实现的白日梦。让梦想照亮现实的唯一途径就是永不懈怠的努力，坚忍不拔的毅力，无所畏惧的勇气，再加上可遇不可求的机遇。任何人都能攻克前进道路上的难关，都能去夺取人生路上的桂冠。

解杨育才的情况。

当时，杨育才所在部队驻守徐州，他任师侦察连副连长，正带领战士们在沛县微山湖畔生产基地边生产边训练。师政治部派人前去调查。时值深秋，年近 40 岁的杨育才正带领比他小 20 来岁的战士在刺骨的湖水中苦练武装泅渡。他已担任 10 年的副连级干部，每逢过年都到食堂帮厨，和战士们共度节日。生产基地距徐州师部 55 千米，每次到师部开会，只要时间允许，他总是徒步往返，借此锻炼行军能力。

由于毛泽东的过问，济南军区派出调查组对杨育才进行考察，评语是“这真是一块掩埋于尘埃中的金子”，对他的品行和能力做了肯定。后来杨育才得到提拔，升至副师长后离休。1983 年，离休后的杨育才先后担任过 30 多所学校的名誉校长、校外辅导员和德育顾问。他用自己的亲身经历和解放军的光辉战史教育下一代爱党、爱国、爱军。

多年之后，杨育才回忆说：“这次战斗结束后，党和国家给了我这么高的荣誉，我心里沉甸甸的，想起那些为国捐躯、壮烈牺牲的战友们，我的心中十分不安。只有做好我们的工作，才能对得起牺牲的烈士们。如果敌人胆敢再来侵犯，我们还要用‘打虎’的精神，与一切侵略者进行生死较量，永远为祖国而战，胜利将永远属于我们这支所向披靡的正义之师！”

英雄精神启示

奇袭“白虎团”威震敌胆，战功事迹名扬华夏，书写传奇的杨育才一度是家喻户晓的英雄，但他从战场返回祖国后从不居功自傲，也不向组织伸手要名要利，默默无闻地奉献，几十年如一日。用他的话说就是“从来不把自己看成是什么英雄，也觉得没有什么值得炫耀的”。杨育才在战场上战胜了敌人，在战场外经受住了功名利禄的考验，不愧为真正的英雄。

十 王海：打出空中“王海大队”

英雄档案

英模称号	中国人民志愿军一级战斗英雄
功勋奖章	三级解放勋章和独立功勋荣誉章、朝鲜二级国旗勋章、朝鲜二级自由独立勋章
成名之战	抗美援朝空战
命名部队	王海大队
英雄事迹	个人共击落、击伤敌机 9 架，所带领的“王海大队”共击落、击伤敌机 29 架
英雄名言	你们再进攻我们，我还把你们打下来

从大学生到空战新手

1951 年 10 月下旬，按照志愿军空军部署，空军第 3 师第 9 团 1 大队驾机飞到了硝烟弥漫的朝鲜战场前线。和其他部队一样，这个大队的飞行员大都来自陆军，在抗日战争和解放战争中，虽然他们和敌人拼过刺刀、立过战功，可在飞行上还是小学生。他们多数人在喷气式歼击机上只飞行训练了几十个小时，甚至连一次空靶也没打过。作为大学生，王海就是初出茅庐的 1 大队的大队长。

王海是山东平度人，童年时他经常看到附近威海英国租界的水上飞机起降打靶，心中萌发了驾驶飞机翱翔蓝天的梦想。他少年时就参加抗日宣传工作，曾进入位于临沂的人民革命大学（山东大学前身）学习。

1946 年 3 月 1 日，我军第一所航空学校——东北民主联军航空学校在通化正式建立，正在大学学习的王海被选为该校第一批学员，圆了他童年的飞行梦。他从学机械到学飞行，在航校先后飞了 4 种日制飞机，打下了坚实的飞行基础。此后，他又进入第四航校进行苏式作战飞机的改装训练，同样飞了 4 个机种，成为人民空军的一名歼击机飞行员。

1950 年 6 月 19 日，解放军空军的第一支航空兵部队——空军第四混成旅在南京正式成立，这支部队集中了当时空军的所有精锐战斗人员，王海从第四航校毕业后进入该旅，很快完成了从活塞式到喷气式战机飞行员的训练，任中队长。后成立空军第 4、3 师，王海作为飞行骨干，被调入空军第 3 师第 9 团任 1 大队大队长。

此时到了朝鲜战场，王海是新手带新手，由于缺乏实战经验，连续几次出击都是乘兴而去，空手而归，不但没打上仗，连敌机的影子也没发现。但王海并不气馁，一有时间就组织大家研究和分析问题的症结，做好充分准备，期待着新的战斗的到来。

屡创战绩露锋芒

机会终于来了，在 11 月 9 日的一次空战中，与敌机不期而遇的“王海大队”击落了一架美军 FMK-8 战斗轰炸机，实现了“开门红”。

11 月 18 日，他们再一次迎来了战机。当天 14 时许，志愿军前线雷达发现美机 9 批 184 架，其中一部分飞机活动于永柔地区，另一部分进至安州、清川江一带对目标铁路进行轰炸和扫射。

14 时 24 分，空军第 3 师第 9 团奉命起飞 16 架米格-15 战斗机迎战，其中就有王海带领的 1 大队 6 架战鹰。接近清川江大桥时，王海清楚地看到低空中五六十架敌机正对清川江大桥俯冲轰炸。

正是好机会。王海一声令下，6 架战鹰闪电般向敌机冲去。遭到突如其来的攻击，敌机急忙投掉炸弹，抢占有利位置仓促应战。不一会儿，有 8 架敌机摆成了一个大圆圈阵，当攻击圆圈中的前一架敌机时，后一架敌机马上就会跟上来进行攻击。

战机稍纵即逝，王海迅速思考应敌策略，他灵机一动：必须利用我机优于敌机的垂直机动性能，打破这个“罗圈阵”。于是，他马上喊道：“爬高占位！”6 架战鹰一昂机头爬上高空，紧接着利用动能优势猛冲进敌阵，再拉起，再猛冲下来……反复多次以后，硬是把敌机的圆圈编队给冲散了。

紧接着，王海下令全队攻击，他在 500 米距离处向敌机猛烈开炮，击落 1 架 F-84。与此同时，僚机飞行员焦景文紧紧掩护长机，击落 1 架偷袭王海的 F-84。接着王海和焦景文相互配合，越战越勇，乘胜追击，又各击落一架敌机。与此同时，4 号机飞行员孙生禄在 300 米的距离上开炮，把 1 架 F-84 打得凌空开花。在 1 大队 6 架战鹰的勇猛攻击下，60 多架敌机被打得惊恐万状，四下逃散。王海觉得不能恋战，果断地下达了返航命令。

1 大队旗开得胜，受到上级高度赞扬。王海利用战斗间隙进行总结，撰写了一篇《对空作战几个问题的体会》，这也是志愿军空军飞行员第一次从军事学术研究的角度介绍自己驾驶新飞机作战的经验，在全体部队中转发后，掀起了一股钻研战术的热潮。

“王海大队”显神威

1952 年初，王海所在部队回国进行休整、训练。5 月 1 日，“王海大队”重返朝鲜前线。

随着整个战局的发展，美侵朝空军为保持空中优势，大机群出动频繁。相比之下，志愿军空军的飞机数量比较少，因此经常连续作战。

1952 年 12 月 3 日 14 时 50 分，“王海大队”飞行员正在吃饭，突然接到总部下达的战斗命令：72 架 F-86 掩护 56 架 F-80 战斗轰炸机在平壤、永柔地区进行扫射和轰炸。王海奉命率 1 大队 12 架战鹰赴 2 号战区迎敌。

到达清川江上空时，接到地面指挥员“左前方距离 20 公里处有小狼”的指示，王海定睛一看，果然在清川江南边有 4 条花蛇般的东西滑了过来。根据以往敌机活动的规律，王海断定这里的敌机不止 4 架。他转念又一想：敌机副油箱没投，可见他们没瞧见我们，那就先打个猝不及防。

王海发令，12 架战鹰向 4 架敌机围了上去。敌机遭到突然袭击，赶紧扔掉副油箱，加快速度逃窜。王海没有贸然下令追击，而是命大家整理好队形，等待敌主力机群过来再打。果不其然，这 4 架敌机刚刚逃走，一大群敌机排成“品”字队形，多层多路，黑压压地飞了过来。

见敌机已完全暴露在面前，王海下令攻击。顷刻之间，12 架战鹰猛扑下去，20 架敌机一下子乱了阵脚，被冲得四处乱窜。见敌机群已被冲散，王海命令飞行员采取各个击破的办法，向下层的敌机展开攻击。在激烈的空战中，1 大队的作战高度从 12 000 米打到 1500 米，长机和僚机之间的配合达到了炉火纯青的程度。12 名飞行员中有 9 人开炮，击落 F-86 战斗机 6 架。事后才得知，与他们作战的就是美空军王牌飞行队——第二次世界大战中声名赫赫的美空军 51 大队。

1 大队在王海的率领下越战越勇，越战技术越精，成为一个英雄辈出的战斗集体。到抗美援朝战争结束时，“王海大队”共参加空战 80 余次，击落、击伤敌机 29 架，荣立集体一等功。每名飞行员都创造了战绩，每架战机上都涂上了象征击落敌机的红五星，成为共和国空军的第一支王牌飞行队，被誉为“英雄的王海大队”。王海创造了击落、击伤敌机 9 架的辉煌战绩，也被誉为“当今世界上敢和美国空军较量的唯一空军司令”。

由于战功卓著，志愿军领导机关决定给王海记特等功、一等功，授予“中国人民志愿军一级战斗英雄”荣誉称号。1953 年 1 月 10 日，朝鲜民主主义人民共和国最高人民会议常任委员会授予王海二级国旗勋章，同年 11 月 8 日再次授予他二级自由独立勋章。

抗美援朝结束后，王海曾历任空军师长、副军长、军区空军司令员、空军副司令员等职。1985 年 7 月，王海被中央军委任命为第五任空军司令员，全面领导空军的现代化建设，1988 年被授予空军上将军衔。

离休后的王海在接受采访时谈及抗美援朝的战斗往事，他说：“共产党培养我当飞行员，我没给中国人丢人！我就是凭着勇敢，勇敢不怕死，怕死还能当飞行员吗？”在得知“王海大队”飞上了歼-20 隐身战斗机，王海高兴地说：“飞歼-20 了，年轻人要好好飞，建功蓝天，保卫祖国！”

英雄精神启示

在朝阳下俯冲，迎着西风开火。刻在机身上的星星，是战士们的巡航坐标。王海带领“空中尖刀”以一当十，战胜了不可一世的空中强盗，带出了一个光耀史册的英雄集体。从王海的精神可以悟出，英雄的最高境界不是单枪匹马，而是既成为集体的英雄，还要带出英雄的集体，这是王海给人民空军留下的宝贵财富，也是我们要发扬光大的英雄基因。

十一 赵宝桐：创造志愿军空战纪录

英雄档案

英模称号	中国人民志愿军一级战斗英雄
功勋奖章	朝鲜二级自由独立勋章、朝鲜三级国旗勋章
成名之战	抗美援朝空战
英雄事迹	共击落美机 7 架、击伤 2 架，创造了志愿军飞行员个人战绩纪录

首战击落 2 架敌机

1951 年 10 月 22 日，志愿军空军第 3 师 50 架米格-15 歼击机飞赴安东浪头机场。其中，有一位飞行员满怀着跃跃欲试的心情，渴望在战场上大显身手。

他虽然只有 23 岁，却早已在东北解放战争中经历了血与火的磨砺，从白山黑水打到江河密布的中南地区，参加了“四保临江”战役以及南下解放武汉三镇等地的战斗，可以说在陆地上已经是久经沙场，可在空中他还是个初出茅庐的新手。

他就是时任空军第 3 师第 7 团 3 大队副大队长的赵宝桐。他于 1949 年从陆军被调入第四航空学校学习，成为新中国第一批飞行员之一。赵宝桐小时候是抚顺农村的放猪娃，在钢厂当过工人，只念过小学一年级，刚进航校时连最基础的物理知识都搞不懂。但他不信邪，拿出拼命三郎式的战斗精神夜以继日地学习，很快掌握了复杂的飞行技术，成为全班第一个放单飞的学员。毕业后，他作为当时为数不多的飞行骨干，进入空 3 师 7 团 3 大队任副大队长。

11 月 4 日上午 10 时，空军雷达情报显示：敌机 6 批 128 架齐头并进，北犯清川江等地区。10 时 26 分，志愿军空军第 3 师第 7 团 22 架飞机由副团长孟璡率领升空迎战。这是赵宝桐第一次入朝参加空战。

战机飞到价川上空，赵宝桐仔细观察前方，只见大约 6000 米以外有 10 余架 F-84 战斗轰炸机。这些“油挑子”（ F-84 翼尖两侧带有 2 个大油箱，被志愿军称为“油挑子”）正向大海上空飞去。

“2 中队掩护，1 中队攻击！”大队长牟敦康下令后率先飞了过去，3 号机赵宝桐也率僚机跟了上去。敌机被打了个措手不及，本来整齐的队形被冲乱了。但赵宝桐由于向下俯冲速度太大，一下子掉进了 20 多架敌机中间，几个“油挑子”一起把机头对准了他，情况十分危急。赵宝桐虽然第一次参战就遇险，却并不慌乱，他猛地一拉驾驶杆，以米格飞机优异的爬升率向斜上方冲了出去，摆脱了险境。

这时他看到前面六七百米的距离上有 4 架敌机正在转弯，于是他驾机一个半滚就冲了下去，盯住了一架敌机紧追不放，终于将其套进了射击瞄准具的光环。正准备开火，他突然感到身后有危险逼近，猛一回头，果然看到几架敌机跟了过来。赵宝桐果断按下炮钮对敌机开火，又随即把飞机猛拉起来，就在拉起的一瞬间，后面的炮弹擦着机尾飞了过去。

不料，赵宝桐刚刚拉起的战机进入了失速螺旋状态，像落叶一样向下旋转，瞬间就跌落了几千米。赵宝桐沉着冷静，在距地面 300 米的高度脱离了螺旋状态，迅速把飞机拉起来，又向高空冲去，同时向下一瞥，正好看见刚才被他击中的那架敌机冒着黑烟扎进了朝鲜西海岸的泥滩里。

等爬升到战斗空域时，正好前面又出现了 2 架敌机。越战越勇的赵宝桐盯住 1 架就跟了上去，500 米、400 米、300 米，敌机尾部几乎占满了整个光环，他果断发射出一串炮弹，正打中敌机机翼，敌机一歪向下栽去，在一个小山坡上爆炸了。

赵宝桐首次参加空战就一举击落 2 架敌机。首战胜利大大鼓舞了他的战斗精神，更加坚定了他继续取胜的信心。

连续作战屡创纪录

1951 年 11 月 23 日，赵宝桐第二次驾机参战。12 时，志愿军在平壤东南上空发现美空军一个大机群，共有 F-86、F-84、F-80 飞机 6 批 116 架正在肃川和清川江地区对地面的目标铁路进行轰炸、扫射。

按照指挥所命令，志愿军空军第3师第7团在副团长孟琎的率领下，米格-15歼击机20架从浪头机场起飞，飞到平壤、顺川、价川上空后发现敌机，孟琎当即下达命令：“1、2大队攻击，3大队爬高至8000米掩护！”

赵宝桐和大队长牟敦康迅速爬升至7000米，发现清川江口附近有敌战斗轰炸机正准备轰炸地面目标。3大队迅即俯冲下去，快要接近敌机时，赵宝桐回头一看，自己的僚机不知去向，而敌机就近在眼前，他只好单机攻击，3炮齐发，炮弹正好打在敌机尾巴上，敌机冒着黑烟一头栽了下去！旁边1架敌机正要转弯溜走，赵宝桐按下炮钮，把敌机机翼打了好几个大窟窿，敌机带伤逃跑。这一仗，赵宝桐又击落、击伤敌机各1架。2次参战，赵宝桐就取得击落、击伤敌机4架的优异战绩，成为空军第3师的一大功臣。

1951年12月2日下午，志愿军空军第一次参加双方共有300架飞机的大空战，空军第3师也是首次与性能超强的F-86“佩刀”式战斗机大机群作战。14时33分，空军第3师第一次全师起飞作战，共出动米格-15歼击机42架，配合友军4个团的兵力，进行反击作战。

起飞之前，因掩护兄弟部队执行轰炸任务，大队长牟敦康在与F-86空战时不幸牺牲。接替大队长职务的赵宝桐下定决心：“这次空战我一定要打掉F-86，为大队长报仇！”

当时，8批120余架美机正准备袭击泰川、博川、顺川等地区的交通运输线，以对志愿军后勤补给线进行空中阻滞。全师42架飞机搜索前进，飞至顺川、清川江口上空时，美军20架F-86战斗机迎面飞来。

志愿军空中指挥员果断命令：“7团攻击，9团爬高掩护！”一场大规模的空战迅即展开，双方飞机厮杀在一起。

赵宝桐飞到清川江上空时发现了敌机，正好是还没有真正交过手的F-86！他立即下达命令：“敌机就在下面，把队编好！”他率领全大队投入攻击。此时，前面的敌机被志愿军另一队机群打散，四处逃窜，恰好有 2 架敌机飞到赵宝桐面前。赵宝桐紧紧咬住敌机的尾巴，瞄准长机狠狠开炮，敌机当即中弹，掉进了大海。

赵宝桐打掉美长机后又见僚机做半转弯逃跑，赵宝桐紧握驾驶杆很快就追了上去，用瞄准具的光环套住敌僚机，一按炮钮，只见敌机冒着浓浓黑烟，摇摇晃晃地一头栽了下去……

赵宝桐这次空战又取得了击落敌机 2 架的优异战果，而且都是最先进的“佩刀”。这让赵宝桐感到“佩刀”也不过如此！

1952 年 1 月 11 日，赵宝桐再次驾机出击，又击落击伤 F-80 各 1 架。至此，赵宝桐已经击落敌机 6 架、击伤 2 架，创造了当时志愿军空军的纪录。

《人民空军》杂志发表题为《志愿军英雄赵宝桐》的文章，报道了他的英雄事迹。空军专门发来贺电，指出："赵宝桐同志这种顽强勇敢的精神，体现了共产党员在战斗岗位上的优秀品质，这是值得全体飞行人员学习的。望你继续努力，不骄不躁，继续提高，继续进步，努力锻炼成为真正能把技术、战术、勇敢、技巧实际结合起来的人民空军指挥员。"

无人逾越的“空战之王”

在上级的鼓励下，赵宝桐越战越勇。1952 年 11 月 21 日，赵宝桐又一次驾驶战鹰出击。地面指挥所通报："3 批 F-86 掩护 1 批带炸弹的攻击机，分头向北窜扰！"赵宝桐立刻加快速度，紧跟部队到达了战区。他发现南边出现黑压压一片的 F-86，马上带领机群向敌机扑过去。

赵宝桐冲入敌阵后，发现左右都有敌机缠绕。他立即判断，敌人是想利用水平转弯来咬住自己的机尾。他不慌不忙地把机头向下一推，继续左转，敌机果然也急剧地向左转。就在这时，赵宝桐猛然把飞机向上一拉，立即向敌长机开炮，但没有打中。赵宝桐并没有放弃，他待敌僚机出现在瞄准具的光环里时，再次猛烈开炮，正中 F-86 的机身，敌机歪歪斜斜地向下坠落。赵宝桐又紧追上去，连补几炮，敌机被打成一团火焰，掉落下去……

战斗结束后，在赵宝桐的英雄战机上喷上了第 9 颗闪光的红五星。赵宝桐又一次刷新了自己的纪录，成为志愿军空军击落、击伤敌机最多的空军英雄！

出国作战时，赵宝桐的飞行时长还不足 65 小时。但是，在那个年代里，勇敢比技术更重要。正是凭着勇敢与机智，赵宝桐先后击落敌机 7 架、击伤敌机 2 架，获得 2 次特等功、1 次三等功以及“中国人民志愿军一级战斗英雄”称号。1952 年 7 月，赵宝桐参加志愿军归国代表团，受到了毛泽东的接见。随后，周恩来还设宴招待了代表团成员。

如今，在中国航空博物馆里陈列着一架银灰色的米格-15 战斗机，机身上喷着 9 颗红星，极为醒目。这架飞机当年的主人就是赵宝桐。7 颗实心红星代表着赵宝桐击落的敌机数量，2 颗空心红星代表着他击伤的敌机数量。如此辉煌的战绩使赵宝桐成为新中国至今无人逾越的“空战之王”。

英雄精神启示

世上无难事，只怕有心人。从放猪娃到“空战之王”，赵宝桐经过艰苦的努力实现了超越自我的巨变。梦想是要有的，人人都想争第一，光说不练只能是空想，是永远不可能实现的白日梦。让梦想照亮现实的唯一途径就是永不懈怠的努力，坚忍不拔的毅力，无所畏惧的勇气，再加上可遇不可求的机遇。任何人都能攻克前进道路上的难关，都能去夺取人生路上的桂冠。

十二 张积慧：击落美军“空战王牌”

英雄档案

英模称号	中国人民志愿军一级战斗英雄、空中英雄、空中突击手
功勋奖章	朝鲜二级自由独立勋章
成名之战	抗美援朝空战
英雄事迹	取得了击落敌机 4 架、击伤 1 架的战绩，其中击落了美军王牌飞行员戴维斯少校座机

首尝胜利果实

1951 年 9 月，志愿军空军以师为单位轮番进入一线机场，赴朝参战。自此，中美空军在朝鲜上空上演了一幕又一幕的空中激战。

10 月 16 日，一群志愿军战鹰奉命起飞，迎击来犯之敌。其中有一位年轻的飞行大队长，求战心情格外急切，因为这已经是他第三次带队出击，前两次都无功而返。

当大队长发现敌机编队时，他立即命令僚机进入战斗掩护，他自己则猛拉操纵杆上升，占领有利位置，瞄准一架敌机，果断地三炮齐发，将敌机击落。僚机飞行员高兴地连喊："打中了，打中了！"其他战友也都勇猛作战，敌机很快溃逃了。

当大队长和战友们返航时，从后面追来了 6 架"佩刀"式敌机，其中 2 架吐着火舌，朝大队长飞机直冲而来，他的飞机中弹了。这时僚机立即迎头跟敌机缠斗，可敌机紧紧咬住大队长的飞机不放。

大队长毫不胆怯，机警地做"S"形飞行和急跃升动作，使敌人瞄不准、打不着。但狡猾的敌人并没有被甩掉，仍紧跟在后面。大队长心想：决不能让敌人白白打掉。于是，他便来了个急跃升，随即向下倒转机头，想要同敌机迎头相撞，同归于尽。敌人胆怯了，惊惶地倒转下去，一下子撞到山头上，机毁人亡。大队长则拉起战机，从树梢上面风驰电掣般地飞过去。

这位机智勇敢的飞行员就是志愿军空军第 4 师第 12 团 3 大队大队长张积慧。张积慧是山东荣成人，曾在家乡上过小学、中学，参加八路军后就读于山东抗日军政大学一分校。抗战胜利后，他随部队奔赴东北，被选派到牡丹江航校学习，1948 年毕业，是我军航校培养的首批飞行员之一。

张积慧随空军第 4 师入朝参战，在第一次、第二次战斗中没有击落敌机，心里非常着急。战斗结束后，他认真总结战斗的经验教训，查找战术、技术等方面存在的缺点，通过苦学苦练，技术、战术和心理素质很快得到提高。他后来回忆说：“入朝前，朱德总司令视察空军时提出‘勇敢加技术，就战无不胜’，这次战斗胜利完全是按照这一指示而取得的。”战斗后，师司令部政治部给他记一等功一次。

连战连捷歼强敌

1952 年 2 月 4 日，张积慧驾驶米格-15 战斗机，在参加一次空战后的返航途中，发现左前方有 4 架敌机朝他们飞来。他立即做好战斗准备，果断地迅速降低飞行速度，并操纵飞机猛然转弯，正好咬住 1 架敌机的尾部。敌机看到张积慧来势凶猛，企图逃跑，张积慧紧追不舍，一阵炮火将这架美 F-86 飞机击落，其余 3 架落荒而逃。张积慧连战连捷，再次获得战果。

1952 年 2 月 10 日上午 6 时 28 分至 57 分，中朝空军联合司令部先后发现在平壤、沙里院、价川等地区上空有 11 批 112 架敌机，其中 F-86 飞机约 80 架。为了给敌人以出其不意的打击，司令部改变以往在清晨一般不出动飞机的惯例，于 7 时零 7 分命令空军第 4 师第 10、12 团 34 架米格-15 歼击机在安东浪头机场起飞，由第 10 团 16 架为攻击队、第 12 团 18 架为掩护队，急速飞往定州至价川航段执行作战任务。

志愿军空军第 12 团 3 大队大队长张积慧和僚机单志玉随机群起飞。正飞着，耳机里响起志愿军空军司令员刘震的声音：“201 注意，今天出来的是‘狗熊’，你们要严加惩戒，勇敢沉着。”张积慧明白，刘司令说的“狗熊”是指美国远东空军第 4 联队，是从美国本土调来的空军主力部队之一，这是一伙不好对付的“狗熊”。张积慧心想，这次非要消灭它几架，决不能让“狗熊”逃跑。

当飞过鸭绿江后，张积慧发现海面上有一群黑乎乎的东西，仔细一看，又变成一个个小黑点。他断定敌人是在利用海面机动，企图偷袭。当时他虽不知道这群敌机是谁率领的，却察觉到这是一个诡计多端的老手。

张积慧报告带队长机后，接到“准备战斗”的命令。他和僚机一起爬高占位，准备攻击。当他升至 10 000 米时，却不见敌机。此时，张积慧的双机已和机群分开。当飞至泰川上空时，突然发现 8 架敌机迎面飞来，张积慧立即命令僚机单志玉爬高，由被动转为主动，有 1、2 号 2 架敌机正处于张积慧的双机右下方。

张积慧紧紧地咬住 1 号敌机。敌机被逼无奈，竟向太阳方向做急跃升，企图摆脱攻击，张积慧向旁边一侧，避开了阳光，仍旧紧追不舍。当敌机转弯时，他向 1 号敌机第一次开炮未中，接着又在离敌机 800 米时第二次开炮，1 号敌机被击中，冒着黑烟螺旋下坠，坠毁在一个小山头上。

张积慧击落 1 架敌机之后，并没有放松战斗，又瞄准 2 号敌机，正要开炮时敌机突然上升转弯脱离，张积慧在僚机掩护下，在离敌机 400 米时瞄准敌机，猛烈开炮，打得敌机在空中爆炸。

连续击落 2 架敌机后，张积慧突然被尾随的另一架敌机击中，飞机失去操纵，他只好在 7000 米高空跳伞，安全降落在志愿军第 50 军 149 师阵地，被及时营救。此间，他的僚机也被击中，飞行员单志玉跳伞未成，光荣牺牲。

查实击落美“空战王牌”

张积慧击落 2 架敌机之后的第 5 天，即 1952 年 2 月 15 日，志愿军

张积慧
35
VS
SAF

空军第 4 师师长方子翼突然接到空军司令员刘亚楼从北京发来的加急电报，据美国合众社 2 月 12 日报道的消息，美国的“空中英雄”戴维斯于 2 月 10 日在朝鲜北部上空被击落。

刘亚楼命令方子翼迅速采取一切办法查明：戴维斯是志愿军空军第 4 师击落的，还是苏联友军击落的，或是被高射炮击落的。此电报同时发给了中朝空军联合司令部。经核实，10 日上午只有志愿军空军第 4 师 12 团的部队在清川江地区上空作战。

空 4 师接到指示后，于 2 月 16—18 日连续派了 2 个调查小组入朝实地核查。最后，在博川郡青龙石三光里北面 2000 米处的山坡上找到了戴维斯的飞机残骸，机型为 F-86E，机号为 307，还在飞机的座舱里找到了戴维斯的尸体，以及他的飞行帽、手枪、血型牌、飞行护照。在飞行员不锈钢证章上刻着：第 4 联队第 334 中队中队长乔治 · 戴维斯少校。在不远处，便是被击落的张积慧驾驶的米格飞机的残骸，他跳伞的降落点，距此仅有 500 米。

苏联方面对这场空战曾提出异议，认为是苏军飞行员击落了戴维斯，但这个说法很快被否定，因为当天苏联空军参加的空战是在戴维斯坠机地点以北的另一个位置。于是，中朝空军联合司令部和空军第 4 师共同确认，张积慧击落的那架 1 号敌机正是戴维斯的座机。

为何击落戴维斯会引起如此重视？原来，在第二次世界大战时戴维斯就已经威名显赫。他有着 3000 多小时的飞行经历，二战中共升空作战 266 次。1951 年 8 月，戴维斯被美国空军从本土调至远东空军，共执行作战任务 60 余次，半年中共击落 11 架米格战斗机和 3 架图-2 轰炸机。

美国空军参谋长范登堡曾 2 次从五角大楼向他致电祝贺，他成为朝鲜战场上美空军战绩最高的“双料王牌飞行员”（美空军规定：每击落 5~9 架为一料王牌，10~14 架为双料王牌，16 架以上为三料王牌）。不料，他却被年轻的中国志愿军空军飞行员击落，葬身朝鲜战场，永远失去了头顶上的光环。戴维斯的死亡在美国掀起轩然大波。

2 月 13 日，美远东空军司令威兰发表了一项特别声明，哀叹戴维斯之死是一个损失，是对美远东空军的一大打击，给在朝鲜的美国飞行员带来一片黯淡的气氛。

在中国，整个志愿军空军为张积慧取得的重大胜利而欢欣鼓舞。2 月 23 日，空军首长向中央军委和毛泽东主席做了汇报。空军发表通电：张积慧同志这种英勇作战的精神，表现了共产党的空中英雄比美帝国主义的“空中英雄”更高超一倍。表彰了张积慧的功绩及其与僚机单志玉双机密切配合、协同作战的精神，号召全体指战员向他们学习。解放军总政治部将张积慧的英雄事迹通报全军，并给张积慧记特等功一次，1952 年 12 月授予他“中国人民志愿军一级战斗英雄”称号。朝鲜民主主义人民共和国最高人民会议常任委员会授予张积慧“二级自由独立勋章”。

年仅 26 岁、在战斗机上只飞行了 100 来个小时的张积慧竟然一举击落了飞行 3000 多小时的美军王牌飞行员戴维斯，其政治和军事意义非同寻常。世界各国电台、报纸纷纷报道戴维斯被中国飞行员击落的消息，并称这是中国一次具有里程碑意义的胜利。

英雄精神启示

张积慧从空战“菜鸟”成长为王牌飞行员，以初生牛犊不怕虎的精神与顶尖高手对决，并将其击毙。张积慧书写了属于中国人的空战奇迹！他的英雄事迹鼓舞着一代又一代人茁壮成长。狭路相逢勇者胜，没有人一开始就是行家里手，也没有人能够随随便便成功，敢于战斗才能胜利，这才是顶尖高手的制胜法宝。

十三 罗盛教：舍己救人的国际主义战士

英雄档案

英模称号	中国人民志愿军一级爱民模范
功勋奖章	朝鲜一级国旗勋章、朝鲜一级战士荣誉勋章
英雄事迹	罗盛教出早操，为救落入冰窟的朝鲜少年，体力耗尽而英勇献身

多次救助朝鲜人民

1951 年 7 月下旬的一天夜晚，在朝鲜战场后方的志愿军第 47 军第 141 师侦察连连部所在地，有位志愿军战士在简陋的铺位上辗转反侧，难以入眠。他起身点亮油灯，在微弱的灯光下写日记。这位战士就是罗盛教，白天的那一幕惨景又浮现在他的眼前。

这天一早，罗盛教和炊事班副班长冒着敌人的炮火给阵地上的战士送粮回来，路过一个山坡时看到一个小孩正扑在一位躺在血泊中的妇女身上啼哭。这位妇女是被敌军飞机炸死的，她背着的婴儿也被炸死了，被炸死的婴儿已经血肉模糊。这一惨状，让罗盛教痛心疾首。他和副班长怀着满腔悲愤掩埋了那位朝鲜母亲和婴儿，抱着失去亲人的孩子，送给附近的朝鲜老大爷照看。

罗盛教是第 141 师侦察连文书。目睹侵略者的罪行，他晚间在日记中这样写道："当我被侵略者的子弹打中以后，希望你不要在我的尸体面前停留，应该继续勇敢前进，为千万朝鲜人民和牺牲的同志报仇！"

罗盛教是湖南新化人，从小天资聪慧，上小学时连跳三级，被保送到第九师范学校就读，但因家贫而辍学去当道士。等到家乡解放后，他听说解放军干校招收学员，他徒步 100 多千米去报名应考，顺利进入中南军区湘西军政干校学习，以优异的成绩结业，被分配到第 141 师侦察连当文书，随部队剿匪，荣立小功一次。

1951 年 4 月 11 日，罗盛教随第 141 师入朝参战。进入朝鲜后，他亲眼看见了这场战争给朝鲜人民带来的深重灾难，十分痛恨帝国主义侵略者的罪恶行径。

8 月 5 日，敌机又一次轮番轰炸、扫射驻地的南映里，瞬间，村庄的许多房屋被炸塌，滚滚浓烟腾空而起，火光冲天。见此情形，罗盛教奋不顾身地冲进屋内，背起安大娘，抱起她的小孙子，从熊熊烈火中冲了出来。

渴望上阵杀敌

来到朝鲜战场，罗盛教多次对指导员说：“给我最艰巨的任务吧，我要为朝鲜人民报仇！”他渴望经历更多的锻炼，渴望参加更多的战斗，常常遥望战火纷飞的阵地吟诵：“青春是美丽的，但一个人的青春可以平庸无奇，也可以放射出英雄的火光。我必须把我放在炉火里，看看我是不是块钢铁。”

朝鲜人民对志愿军的深情厚谊，更使罗盛教深受感动。一次，部队在一个风雹交加的黑夜行军，伸手不见五指，一位朝鲜老大娘顶着风雹地站在那里，手提保险灯为战士们照路，并不断提醒志愿军战士们别掉进泥坑里。罗盛教觉得只有用杀敌立功的实际行动才能报答朝鲜人民的深情厚谊。他几次要求上前线，可是指导员总是耐心地劝他：“你的决心是好的，可是革命工作有分工，你正担任文书工作，对消灭敌人是有保证作用的！”

有一次，部队接受了在牛尾洞打伏击的任务，罗盛教向指导员请求参加战斗，指导员叫他参与抢救伤员。这是他来到朝鲜后第一次直接参加战斗。当敌人进入伏击圈时，部队出其不意地发起攻击，打得敌人措手不及、晕头转向。等敌人缓过神来，仗着其人多势众，很快就发起反击。

在战斗中，罗盛教身边的一位战友负了重伤。他冒着弹雨，跳出工事，爬到前沿阵地，帮负伤的战友包扎好伤口，背起战友就往山下跑，迅速送到山下的担架队，然后又回到前沿阵地。战斗越来越激烈，战友们个个奋不顾身，勇敢作战。罗盛教也勇敢地投入战斗，不停地向冲上来的敌人扔手榴弹，敌人不断地在手榴弹的爆炸声中倒下。

这时，在离罗盛教不远的地方，一个个子矮小的战友和一个高大的敌人正在肉搏，那位战友右腿鲜血直冒，下半身已动弹不得。罗盛教见状立即冲了过去，用枪托砸倒敌人，救了自己的战友。负伤的战友舒了一口气，赞赏地喊道："打得好！"

1951 年冬，侦察连奉命到后方整训，驻扎在朝鲜平安南道成川郡石田里。一来到这里，罗盛教就天天帮助老乡挑水、打扫院子、劈柴，为群众干各种农活。乡亲们都夸他是好样的，村里的小孩子也常常来找他玩，教他讲朝鲜话。罗盛教一有空就教孩子们唱中国歌曲，大家都非常喜欢这位志愿军大哥哥。

勇救落水儿童

1952 年 1 月 2 日清晨，风雪交加，气温下降到零下 20 多摄氏度。山野间披上雪白的银装，栎沼河已被厚厚的冰雪封盖。

在冰封的河面上，有几位朝鲜少年在滑冰玩耍，不时传来欢乐的笑声。突然"咔嚓"一声，紧接着传来孩子们惊慌的叫喊声。罗盛教回头一看，只见几个少年滑冰的地方出现了一个冰窟窿。冰窟窿里的一个小朋友拍打了几下水面，挣扎了几下便沉入水中。原来，一位叫崔莹的朝鲜少年在河面上滑冰不慎摔倒，掉进冰窟窿里去了。

罗盛教一把抓下自己的帽子，飞快地冲向出事的地方。他边跑边脱外衣，甩掉脚上的大头鞋，"扑通"一声跳进冰水中，奋力向少年游去。就在这时，孩子不见了，罗盛教潜入水中寻找，找了好一会儿都没有找到，他钻出水面吸了一口气，很快又潜入水中。这次还是没有找到，罗盛教再次露出水面时，脸色发青，动作也有些僵硬，但他坚持着再次拖着显得笨重的身体钻进冰窟窿里。

不一会儿，水面上露出了崔莹的身影，罗盛教在水下使劲地往上托举

罗盛教

着崔瑩。眼看就要推上冰面，突然冰层塌了下去，崔瑩又掉进水里。此时，罗盛教也已经被冻得力不从心了，但他还是又一次潜入水中，慢慢地将崔瑩托出水面。

不会游泳的宋惠云站在冰面上急得团团转，他几次想伸手帮忙把崔瑩拉上来，没想到冰面一次次地破裂塌陷。他急忙跑到村口找来半截电线杆，将电线杆伸进冰窟窿，崔瑩终于抱住电线杆，被宋惠云拉上冰面。崔瑩得救了，罗盛教在冰冷刺骨的水里用尽力气想爬上来，四肢被冻得不听使唤，再也游不动了，慢慢地沉入水里。战友们和朝鲜老乡赶来连忙砸开冰层，将罗盛教捞起时，他早已停止了呼吸。

“罗盛教！罗盛教！”战友们的呼唤声在空中回响。而罗盛教只是静静地躺在雪地上，冻僵了的身躯像一尊冰雪雕像。

石田里的老百姓再三恳求志愿军领导，他们要按照朝鲜民族最隆重的仪式安葬烈士。1 月 3 日，人们抬着烈士的灵柩，石田里全村的男女老少痛哭着为烈士送行，将烈士安葬于村旁佛体洞山上。

为了表彰罗盛教舍己救人的英雄事迹，1952 年 2 月志愿军领导机关给他追记特等功，同时授予“中国人民志愿军一级爱民模范”称号。4 月 1 日，中国新民主主义青年团中央委员会追认他为“模范青年团员”。1953 年 6 月 25 日，朝鲜民主主义人民共和国最高人民会议常任委员会授予罗盛教“一级国旗勋章”和“一级战士荣誉勋章”。

为了纪念罗盛教烈士，朝鲜政府和人民将石田里改名为罗盛教村，将英雄献身的栎沼河改名为罗盛教河，将佛体洞山改名为罗盛教山，并在山上修建了雄伟、古典式的罗盛教纪念碑和罗盛教纪念亭，纪念碑上镌刻着朝鲜人民的领袖金日成的亲笔题词：“罗盛教烈士的国际主义精神与朝鲜人民永远共存。”

英雄精神启示

罗盛教作为一名战士，没能在他渴望战斗的战场上立功，而是在后方为救一名朝鲜儿童献出了年轻的生命，同样是惊天动地的英雄。他把对敌人的恨化为对朝鲜人民的爱，在生死考验面前，用伟大的国际主义精神为用鲜血凝成的中朝友谊添上了浓墨重彩的一笔。这种精神告诉我们每个人，不要抱怨命运没有给予建功立业的机会，其实人生处处是“战场”、时时有考验，当机会来临时要问问自己，准备好了吗？

十四 张桃芳：志愿军头号狙击英雄

英雄档案

英模称号	中国人民志愿军二级战斗英雄
功勋奖章	朝鲜一级国旗勋章
英雄事迹	在 32 天内以 436 发子弹击毙 214 个敌人，创造了志愿军在朝鲜战场上冷枪杀敌的纪录

知耻而后勇

1952年9月12日，志愿军第24军奉命入朝。过了鸭绿江，一路急行军，部队终于在9月中旬赶到朝鲜的战略要地——元山驻防。在此地的一个小村庄里，该军第72师第214团第3营8连进行了入朝以后的第一次练兵，内容是打靶。

班长直接把新兵带到前沿阵地，现场指点新兵怎么测距、怎么定标尺、怎么算提前测量。班长把大拇指一伸，闭上左眼，将右眼视线、拇指和目标连成一线，然后睁开左眼，闭上右眼。从左眼和右眼不同的角度观测，拇指和目标之间便产生横向的误差，根据这个误差的大小就可以估计出目标的距离，以确定射击标尺。这本是炮兵在缺少必要器材时的目测距离法，却在狙击中派上了用场。

9班在连里是个加强班，挑选的都是素质不错的新兵。射击组此时有3人，刚好还差1人。连长指着一名新兵叫道："张桃芳。"班长点点头，这个叫张桃芳的新兵是江苏兴化人，为人机灵，会动脑子，18岁就在家乡当了民兵连排长，底子好，训练又刻苦，连长早就看上了这个好苗子。

连长说，3发子弹，3次机会。张桃芳拿着刚发的苏制莫辛纳甘步枪，有点忐忑不安地上了靶场。打靶的结果出来了，光秃秃的3个零环让连长相当失望，用他的话来说是"连吃了3个大烧饼"。班长气得直骂："你就是个生瓜蛋子！"张桃芳羞愧地抬不起头来。

此后，张桃芳常对着这杆枪生闷气，还暗自琢磨技术。闲暇时，他不是向老狙击手请教射击要领，就是端着步枪瞄个不停。他知道，要做一名出色的狙击手，除了练基本功——臂力、眼力、定力、耐力，还要练技法。

天寒地冻的早晨，太阳还未升起，张桃芳便趴在狙击台上了，寒气使他的眉毛变成了白色，刺骨的北风呼呼地钻进他的衣服里。他一会儿哈气暖暖发麻的手，一会儿活动一下冻僵的脚。他心里只有一个念头：要练就一身本领，多杀敌人！

连里又组织打靶训练，张桃芳连打 3 轮，弹无虚发。连长和班长相视而笑，认定张桃芳是一名可造之才，立刻选送他到团里举办的射击训练班学习。在训练班中，他与其他狙击手们相互交流，技术水平得到了迅速提高。训练班结束后，团长亲自考核射手们的枪法。轮到张桃芳时，他没有打靶子，却 5 枪打落 4 只飞鸟，让所有人惊叹不已。

全连一号狙击手

1953 年 1 月 11 日深夜，第 24 军顶着零下 30 多摄氏度的低温，匆匆开赴上甘岭。张桃芳所在连队据守的阵地是上甘岭战役中黄继光牺牲的 597.9 高地。他眼前一片漆黑，而且空气中弥漫着火药、硝烟、尸臭混合到一起的呛人气味，让人难以忍受。然而，站在英雄曾经战斗的地方，张桃芳心里有种莫名的冲动和自豪，打击敌人的干劲更足了。

当他真正成为一名狙击手时，很快就取得了战果，第二次参加狙击作战就击毙一名美国兵。此后 40 多天时间，他用 240 发子弹毙伤 71 个敌人，成为全连一号狙击手。此后，张桃芳更是一发不可收，每次出战均有斩获，很快毙敌 100 名，在志愿军的狙击手中崭露头角。他的事迹也上了第 74 军的《火线报》，在战友中广为传诵。

军长皮定均也听说了张桃芳的事迹，有些难以置信地说：“这小子是打猎的吗？神了！”他从床底下拿出了一双崭新的皮靴，对身边的参谋说：“你把这双皮靴带上，去前线观察张桃芳，要是真的就奖励他。”

参谋带上皮靴和摄影记者来到了前线。那里冰天雪地，寒气逼人，记者冻得直搓手，看到张桃芳即将开枪，连忙拿起相机抓拍了一张照片。一声枪响后，一名敌人中弹倒下。两人蹲在战壕里，还没有反应过来张桃芳已经换了位置。在很短时间内，张桃芳连续击毙了 3 个敌人。张桃芳的战绩毋庸置疑，参谋当着全连人的面将军长的皮靴送给了张桃芳。

张桃芳的这杆枪令敌人闻风丧胆。狡猾的敌人开始耍花样，为了侦察狙击手的准确位置，狡猾的敌人扎了几个草人，在草人的掩护下用望远镜观察志愿军。张桃芳从阳光照射下的望远镜反光中发现了敌人，"叭叭叭"枪声响了，敌人一个个倒下去，敌人的花样又失败了。

高手间的对决

狙击手开的每一枪都可能暴露自己，招致敌人的火力反击，要想在狙击中保存自己，比技术更重要的是战术。

1953 年初夏的一天，天气晴朗，万里无云，张桃芳照例一早就上了阵地。他刚沿着交通沟走进三号狙击台就有一发子弹贴着他的头皮飞过。张桃芳脑袋一缩，趴在交通沟里，神经陡然紧张，感觉到了一种异样的气氛。他心想，今天苗头不对，看来对面有人在等着我。

交通沟里有一顶破钢盔，张桃芳顺手拾来，用步枪顶出交通沟，以前他曾多次用这种方法引诱对手暴露位置。可这次钢盔晃了半天，他的对手却一枪未发，显然对手是一位经验丰富的射手。"这家伙厉害，要好好过过招。"张桃芳暗暗给自己鼓劲。

他在交通沟里匍匐前进，到了交通沟尽头时突然蹿起，几个箭步穿过一段小空地。刚要进狙击台，对面又是一个点射，子弹紧追着他的脚跟，打得地面尘土飞扬。张桃芳双手一伸，身子一斜，像被击中似的摔进了狙击台左边的掩体里。这个假动作显然骗过了对面的射手，对手暂时停止了射击。

沉寂了片刻，张桃芳慢慢从掩体里探出头，开始搜索对面阵地。他看到美军阵地上有两挺机枪正向其他方向射击。张桃芳没有动，因为他明白，这很可能是诱饵。真正的对手肯定躲在其他地方，也在搜寻他的位置。只要他一开枪，马上就会引来杀身之祸。张桃芳很清楚，自己此刻的目标只有一个，那就是对面那个最狡猾、最可怕的对手。

他耐心等待着、搜索着，终于在对面山头上两块紧挨着的岩石缝隙中发现了对手的位置。张桃芳立即将枪口对准了对手的脑袋。然而就在他要扣动扳机的一刹那，对手也发现了他，脑袋一偏，躲开了张桃芳的枪口，紧接着手中的步枪就吐出了火舌。张桃芳再次被压制在掩体内。

这一次，对手显然也见识到了张桃芳的厉害，枪口始终对准张桃芳的狙击台，张桃芳稍微一露头，就有好几发子弹打过来。张桃芳心想："这个狡猾的东西！不能蛮干。"他坐在掩体后面，静静地听着，他发现对手似乎把注意力主要集中在狙击台左侧，并且常常会有一个射击间隙。他在沙袋的掩护下慢慢地爬到了狙击台右侧，轻轻地把步枪紧贴着沙袋伸了出去，但没有开枪，他需要判定这究竟是对手的真正疏漏还是设下的一个圈套。

他足足等了 10 多分钟。他从射击声中认定对手没有发现他已变换了位置。时机终于到了！当对手刚刚对狙击台右侧打了一个点射，把视线和枪口转向左侧时，张桃芳猛地站起身，枪托抵肩，迅即开枪。几乎与此同时，对手也发现了张桃芳，立即转动枪口扣动了扳机。

高手对决，胜负只在瞬间。张桃芳的子弹比对手快了零点几秒，就是一瞬间决定了胜负的结果。当张桃芳的子弹穿过对手的头颅时，对手的子弹贴着张桃芳的头皮飞了过去。

到 1953 年 5 月初，张桃芳在 32 天内以 436 发子弹击毙 214 个敌人，这是志愿军狙击手单人战绩的纪录。

张桃芳

1953 年 8 月，志愿军领导机关给张桃芳记特等功，12 月 7 日授予他“中国人民志愿军二级战斗英雄”称号。朝鲜民主主义人民共和国最高人民会议常任委员会授予他“一级国旗勋章”。

英雄精神启示

从打靶挂零的“生瓜蛋子”到头号狙击英雄，张桃芳全靠刻苦训练和实战磨砺，练就了一身杀敌本领，才取得名载史册的传奇战绩。只要功夫深，铁杵磨成针，新时代的青少年要想成就一番事业，未来担当大任，必须要有丰富的知识、过硬的本领，求真学问，练真本领，学一行爱一行，专一行精一行，才能赢得主动、赢得未来。

十五 李延年：能文能武的政治工作者

英雄档案

英模称号	中国人民志愿军一级战斗英雄
功勋奖章	特等功勋章、共和国勋章、朝鲜自由独立二级勋章、朝鲜三级国旗勋章
英雄事迹	1951 年夏秋防御战役，在反击和坚守 346.6 高地战斗中，指挥部队协同作战，毙伤敌军 600 多人

助攻打成了主攻

1951 年 10 月 10 日深夜，朝鲜中部天德山以西的 346.6 高地，在遍布弹坑和弹片的山谷中，出现了许多行动敏捷的志愿军战士，在夜色掩护下迅速接近美军驻守的山头。其中有一位英姿勃勃的指导员，带着战士冲在最前头。敌人的照明弹不时地升起，照亮了他那沉静而刚毅的面容。

他在回想战斗前 3 营营长交代的敌情，当面之敌是精锐的美骑兵第 1 师部队，其强大的炮火突袭让志愿军第 139 师的两个营伤亡惨重，被迫撤离战场，然而第 47 军首长已经下达死命令，第 140 师派出 3 营等部队必须接替进攻，一定要拿下 346.6 高地。该高地是连接涟川至铁原铁路、公路交通线的咽喉要冲，位置十分重要。346.6 高地是顺势排列着的大小 5 个山头，山头后面是一个较高的主峰，高地两侧都是深谷。7 连的任务是拿下前面 3 个山头。

在这次反击前，第 139 师第 416 团参谋长曾率 5 个排，抗击敌人 10 余辆坦克支援下的一个团的进攻，从凌晨 4 时多打到当天下午，最后全部壮烈牺牲。美军战史著作在评述这一战斗时写道："骑兵第 1 师当面的中国军队反应迅速而激烈，部队冲锋时就遇到中国军队的炮火打来，有的虽然攻上阵地，但不能立足就被压回来……许多阵地于进攻当天曾 3 次或 4 次易手……敌人顽强防守，往往战斗到最后一个人，使骑兵第 1 师付出了重大代价。"

7 连即将面临的是一场恶战，但指导员并不愿意蛮干，他冷静观察高地敌情，发现敌人每隔 3 分钟左右就会打一轮炮。于是，他和连长带着战士们，利用这个间隙慢慢摸了上去。随着 3 发红色信号弹升上夜空，7 连发起攻击，他们以排为单位，形成多路纵队，从左面山坡冲了上去。敌人抵挡不住，边打边撤。经过一阵冲杀，到深夜 7 连先后拿下了前面的 3 个山头。全连只有 1 名排长和 1 名班长牺牲，1 名战士负伤。然而，连队的机关枪已打得无法连发，步话机也被打烂，后方指挥所无法知晓他们的情况。7 连攻下这 3 个山头花了不到 1 个小时，但更大的考验还在后面。

战前营里确定，7 连作为助攻连，从侧翼协助 9 连攻打高地。有些战士对自己不能打主攻而牢骚不少，对战士们的怨言，指导员“反将一军”说：“发牢骚算什么本事？有本事的把助攻打成主攻！”正是这句话激励了大家，而原本担任主攻的 9 连在战斗中遭受美军火力压制，伤亡很大，7 连在侧翼的进攻却连连得手，真的把助攻打成了主攻。

因 9 连、8 连都在反击战中伤亡严重，上级临时给 7 连增加了攻下剩余山头的额外任务。艰难的考验即将来临，7 连的战士们都投来期待的目光，因为他们知道，越是困难，这位名叫李延年的指导员就越是连里可以依赖的主心骨！

发挥战斗堡垒作用

李延年是河北昌黎人，从小放过猪、当过学徒，解放战争时期入伍，曾参加辽沈战役、平津战役、宜沙战役等，每战争先，多次立功受奖。他因表现突出，进入东北军政大学第十期军事队进行了半年的学习。他结业后任副排长，两个月即提拔为排长。在湘西剿匪期间，他被提拔担任连指导员，并率领连队以微小代价消灭土匪 200 余人。可以说，李延年指导员是从恶仗、硬仗中打出来的，深受战士们的信任和爱戴。

收复阵地后，李延年立即要求各排迅速整理工事，并根据战前制订的连、排、班 3 套代理人的预案，指定了代理人，保证连队组织健全。接着，他和连长带领连队继续攻击后面第 4、5 两个山头。副连长带队向山头冲击时负了伤，副指导员也被敌炮弹打中，不幸牺牲。李延年随即让代理人接替班、排指挥。他还深入班、排了解情况，传达胜利消息，及时提出有力的激励口号。

十班拿下了第 5 个山头，缴获了重机枪、无后坐力炮、卡宾枪等武器。李延年马上提出：“你们为连队争了光，连里为你们请功。”并把这一胜利消息向各班、排传达，鼓励大家：“打好出国第一仗，为毛主席争光，为祖国人民争光，争取当英雄连队！”有的战士牺牲了，他立即提出：“要为牺牲的战友报仇！”号召党员、团员带领大家英勇杀敌，保证战斗胜利，争取立“国际功”。

经过一夜激战，7 连完成了连续进攻任务，收复了被敌占领的第 5 个山头。此时连长到营里代理参谋长职务去了，连队的军政工作几乎全部落到了李延年一个人的肩上，他的责任更重了。

10 月 11 日凌晨，营教导员来到 7 连了解情况，并带来一部电台和 2 连的 1 个排增援 7 连，要求坚守阵地。天亮后，美军在 20 多辆坦克和近 10 个炮兵群的火力掩护下，发起猛烈反扑。当时，志愿军后续梯队和助攻连队为敌炮火所阻上不来，7 连迅速转入防御战。李延年率领 7 连全体战士，一次又一次地粉碎了敌军进攻。在惨烈的战斗中，7 连伤亡很大，只剩下 40 多人。

很快，敌人第 5 次进攻开始了。这一次，敌人吸取了前 4 次一味正面进攻的教训，采取正面进攻与迂回包抄相结合的战术。对敌人进攻方式的变化，李延年早有准备，他特意加强了侧翼防御，粉碎了敌军进攻。

李延年将阵地上尚能作战的人员重新整编，加上从 8 连和 9 连汇集的剩余人员，形成了一个新的战斗集体“泰山连”，把所有干部集合起来，组成临时党支部，统一指挥战斗。

战斗间隙，李延年打开电台向上级汇报情况，还未开口，便先受到了师首长的嘉奖："7 连打得漂亮！立了大功！"

7 连官兵士气大振，在敌人的数次进攻下，誓死守卫阵地。10 月 11 日天黑前，李延年指挥连队粉碎了敌军 7 次进攻，先后 5 次重组战斗序列，牢牢地坚守在阵地上，成为第 47 军这次防御战中以少数兵力取得进攻和防御胜利的成功战例之一。

1951 年 10 月 22 日，"联合国军"发动的秋季攻势被粉碎。11 月 27 日，美方不得不同意朝中方面提出的以双方实际接触线为军事分界线、各后撤 2000 米为非军事区的要求，达成了关于军事分界线的协议。

1952 年 11 月，李延年被志愿军总部授予"中国人民志愿军一级战斗英雄"荣誉称号，记特等功一次，并获朝鲜民主主义人民共和国自由独立二级勋章和三级国旗勋章。

从朝鲜战场凯旋后，李延年并没有脱下军装，而是主动申请调到广西边防部队继续守卫祖国边境，直至离休。

从解放战争到湘西剿匪，从抗美援朝到卫国戍边，李延年一生参加大小战役、战斗数十次，英勇无畏，立下赫赫战功，"中国人民志愿军一级战斗英雄""特等功臣"这些军人荣耀却很少被他提及。英雄的历史，祖国没有忘记。2019 年 9 月 29 日，李延年荣获共和国勋章。

回忆那段血与火的战斗岁月，李延年说："军人最锐利的不是武器，而是钢铁一般的意志。"在沉甸甸的勋章和荣誉面前，他经常说："所有荣誉不是给我个人的，都是国家对所有烈士的褒奖，我们要永远铭记这些为新中国牺牲的英雄们。"

英雄精神启示

政治工作是我军的生命线。在各个层级普遍建立党组织，并且发挥领导核心和骨干作用，是我军成长为一支无论在什么样的艰苦环境下都拖不烂、打不垮的钢铁雄师的根本原因。李延年文能明理鼓劲，武能带兵打仗、指挥若定，是一步一个脚印成长起来的军政兼优的政工干部的典型代表。对青少年来说，能文能武就是要全面发展、不可偏废，既要学好数理化又要学好文史哲，既能埋头拉车又能抬头看路，既能脚踏实地又能志存高远。当然，不是人人都能做到内外兼修和文武兼备，但只要始终奔跑在立志追求的路上，就有无限发展的可能。

十六 “甲等功臣团”：级别最高的荣誉部队

英雄档案

荣誉称号	甲等功臣团
部队介绍	志愿军第 39 军第 117 师第 349 团
成名之战	横城反击战
英雄事迹	穿插到鹤谷里并坚守阵地，击退数量 3 倍于己的敌人多次进攻

与时间赛跑

1951 年 2 月 12 日清晨，志愿军刚刚经历了一场与时间赛跑的急行军，第 39 军第 117 师第 349 团团长薛复礼顾不上休息，立刻让各部队分别抢占公路两旁的各个山头，并抢修防御工事，等待敌人的到来。

各部队开始行动以后，薛复礼也没有闲下来，他在各个山头之间来回奔走，对各处阵地进行调整。就在路过一处山头时，他忽然听到有人在喊叫。他立刻朝声音传来的方向看去，只见不远处有一堆火，几个人影正蹲在那里烤火，还有人冲着自己不断嚷嚷。

薛复礼以为是自己的部队，非常生气，敌人随时都可能过来，现在其他人都忙着挖掘工事，这几个人竟然坐在那里烤火。他立刻气冲冲地朝着火堆方向走了过去，等他走近借着火光一看，是七八个南朝鲜溃兵。薛复礼赶紧掏出手枪喊道："都不许动，缴枪不杀。"

原来薛复礼穿着缴获的南朝鲜军官的大衣，被那几个南朝鲜士兵当成了长官。这些人看到薛复礼也是一怔，虽然听不懂他喊的话，但手枪他们是认识的，赶紧四散跑了。薛复礼果断开枪，可惜运气实在不好，连续两枪都哑火了，直到第三枪才打响，那几个南朝鲜士兵早就跑得没影了。

在抗美援朝战争第四次战役期间，1951 年 2 月 10 日，在志愿军东线部队的战术诱导下，美第 2 师和南朝鲜军部分兵力与主力分离，冒险进入到横城西北。为了全歼这批敌人，志愿军司令部命令第 117 师于 2 月 11 日连夜行军，第二天天亮前穿插至横城西北部，夏日到鹤谷里公路两侧切断敌人的退路。

这条公路两侧都是高地、峡谷，非常有利于志愿军打伏击战。第 117 师能不能用两条腿赛过敌人的汽车轮子，按时穿插到位截住敌人，将关系到第四次战役东线反击战的全局。

生死攸关的半小时

接到命令后，作为第 117 师的主力先锋部队，第 349 团立即冒着寒冬的夜色向鹤谷里进发，凌晨 1 点就到达了距离鹤谷里仅剩十几千米的昆矣洞地区，但一座 800 米高的山峰挡住了部队的去路。这时天寒地冻，气温降到零下 20 多摄氏度，一片冰天雪地。为了抢时间，团里决定直接翻山。

就在第 349 团行进至半山腰时，夜空中突然出现了敌机，还不断投放照明弹，与此同时，山顶也出现了火力阻击，团里接到命令是在第二天早上 7 点钟之前赶到鹤谷里阵地。如果第 349 团不能按时到达，不仅完不成自己的任务，还可能拖累兄弟部队。

团长薛复礼马上令侦察股长肖林带领 8 连展开部署，兵分几路，从不同方向包围敌人，发起攻击。这场遭遇战一直持续到凌晨 4 点，最终歼灭了这股敌人，打开了前进的通道。肖林却在这场战斗中牺牲了。在这场战斗中，8 连的战士们用牺牲赢得了时间，保障了第 349 团大部队的行军。

早上 6 点半，第 349 团比命令的时间提前半小时到达鹤谷里，并迅速占领公路两侧的制高点。7 点，从正面战场向横城败退的大批敌人涌来，调整兵力后全力组织突围。第 349 团提前半个小时到达极为关键，如果按原定时间则很可能来不及构筑阵地。第 349 团占领了居高临下的有利地形，就像一把铁钳从公路两侧扼住了横城敌人的咽喉。一场激烈的阻击战即将打响。

攻坚克难阻强敌

上午 10 点半，敌人从横城派出 2 个营的增援兵力，在飞机、坦克的支援下陆续到达了鹤谷里附近。第 349 团所处的鹤谷里阵地正好在夏日和横城中间，夏日方向的敌人突围就会撤退到这里，而横城增援的敌人也是往这个方向进攻。

为了全局利益，第 349 团主动将自己置于被前后夹击、腹背受敌的状态，特别是位于东南侧高地的战士们，虽然能够观察到横城方向敌人的动向，但也因此成为敌军增援部队的首要攻击目标。

与横城增援之敌战斗 3 个多小时后，拥有汽车、坦克的美军第 2 师 300 多人突破了西北方向夏日防线，猛攻紧靠鹤谷里的第 349 团第 1 营阵地。第 1 营正是这次战斗中阻击敌人撤退的主力营之一，其阵地离夏日较近。正因为他们的优势位置，正在逃跑的敌人也特别想把这块阵地拿下来，而第 1 营死死地钉在那里。

当美军搭载步兵的汽车刚刚到达射击范围，3 连机枪手肖子云马上对第一辆汽车展开了猛烈射击，很快敌人的汽车就被击中起火爆炸，并严严实实地挡住了后面敌人前进的道路。随后肖子云翻下山坡，冲向敌人展开了近距离激战。他抱着轻机枪左突右冲，时而卧倒，时而冲击，一人消灭 80 多个敌人，被评为“特等功臣”。

第 2 营 4 连因炸药不足而没能炸掉公路桥，只好死守桥头。面对敌人回逃坦克的疯狂进攻，战士们抱着爆破筒奔向一辆又一辆坦克。被炸毁的坦克把公路堵住，4 连战士不怕牺牲，越战越勇，先后击退了敌人 7 次进攻，毙敌百余人。

第 3 营集中兵力反击，并以侧射火力拦击敌步兵，炸敌军坦克，将敌阻挡于鹤谷里公路以北。面对横城敌人 2 个连加 6 辆坦克的攻击，5 连和 7 连在桥头阵地以近战阻击敌人。战士们子弹打光了就跃出阵地，从敌人尸体上拾回弹药继续战斗，始终未让敌人跨过桥头一步。

战斗一直持续到午夜时分，随着一声声冲锋号吹响，参加战斗的所有部队对敌人发起了总攻，枪炮声、军号声、喊杀声震彻了整个山谷。

时任美第 8 集团军司令的马修 · 李奇微在回忆录中写道：“中国军队发起了第四次战役，目的就是他们在电台里说的把我们撵入大海。我们被迫再次后撤，在中国军队的全面打击下，美第 2 师遭受重大损失，尤其是火炮。”

据统计，这次战斗中第 117 师共歼灭 3300 余名敌人，击毁、缴获汽车 200 余辆，其中第 349 团歼敌 1500 余人，随所在的第 117 师创造了志愿军以劣势装备战胜敌军优势装备，一个师歼敌最多、缴获最多的经典战例。1951 年 2 月，因战绩显著、完成任务出色，志愿军司令部授予第 349 团“甲等功臣团”荣誉称号。

英雄精神启示

靠双脚跑赢机械化装备，“甲等功臣团”生动诠释了攻坚克难精神的内在含义——勇于突破、砥砺前行，为完成任务而不惜一切代价。有了这种攻坚克难精神，我们就无惧前进道路上的任何艰难险阻，向着目标奋勇前进，去夺取一个又一个胜利。

十七 “道峰山营”：孤军深入，奋勇作战

英雄档案

荣誉称号	道峰山营
部队介绍	志愿军第 64 军第 190 师第 569 团第 3 营
成名之战	第五次战役穿插道峰山
英雄事迹	突破敌人阻击，占领道峰山，圆满完成战斗任务

不可能完成的任务

1953 年 7 月 27 日，板门店谈判刚结束，美方军事代表团的一名军官一把拽住了中方翻译，指名道姓要见志愿军有名的“道峰山营”营长，因为他所在的部队在第五次战役中吃尽了这个营的苦头，想看看打败他们的中国军人是什么样子，问问他作战的诀窍。

恰巧当时“道峰山营”营长宋进才就在中方代表团中，两人见面后，美军军官看着这个不起眼的营长，好奇地问道：“你们的孤军穿插行为，在我们看来是个自杀性任务，你们是靠什么完成的？又是怎么坚持的？”宋进才只说了 5 个字：“靠人的精神。”听到答案的美军耸耸肩，好像完全不理解，又好像明白了什么。

1951 年 2 月，志愿军第 19 兵团奉命入朝轮战，他们参加了 4 月 22 日发起的第五次战役。这次战役开始后，该兵团第 64 军第 190 师得到的任务十分明确：担任志愿军右翼突击力量，执行敌后穿插任务，强渡临津江，既要切断敌人的退路，又要消灭敌人的增援部队，最后协助友军围歼敌军，并伺机解放汉城。

师里组织先头穿插支队，宋进才作为第 569 团第 3 营营长主动请缨，并立下军令状：“这个任务完成不了，我提头来见。”宋进才在师里素来以“打仗不要命”著称，因他总是一声令下，帽子掖在腰带里，光着膀子上，所以大家都叫他“宋傻子”。

宋进才当然明白这道军令的分量，在战前动员会上和教导员一起给战士们打气，他说：“这是我们出国的露脸仗，要坚决打好！攻的时候要像老虎，守的时候要像泰山。不管遇到美国兵，还是其他什么兵，全都狠狠打，看谁更厉害！”

第 3 营是个加强营，有 600 多人，经过宋进才的动员，全营官兵的战斗意愿都很强烈，不少人写了请战书，要求当突击队员冲在最前面。穿插的目的地是道峰山，这座山峰卡在临津江至汉城的咽喉要道上，具有四两拨千斤的重要军事价值。一着得手，满盘皆活；一着不慎，满盘皆输。

向敌纵深挺进

4 月 23 日下午，志愿军第 190 师进入战场，随队加强指挥的副团长李振堂和宋进才率全营急速前进，面对的第一道难关是临津江。这是朝鲜中部的一条大江，虽然落潮时水深只有 1 米，不需要舟桥就能通过，但江面宽达百米，容易被敌人炮火拦击。另外，当地 4 月的气温仍旧很低，江面到处漂着浮冰块，江水冰冷刺骨。

密集的炮弹在江面上不断爆炸，宋进才想都没想就跳进了没过胸口的冰水里，铆足了劲儿往对岸冲。战士们见营长身先士卒跳进河中，也都纷纷跳下水向对面冲锋。

第 3 营比其他友军部队更快地渡过了临津江，跑到了全师的最前面。宋进才带着全营直接向道峰山突击，并下令不许恋战，不要过多理会路上的敌人，只管往山上冲。

第 3 营冲到金谷里时，美军终于发现这支志愿军分队的穿插意图，连忙抽调兵力围堵。面对敌人的堵截，宋进才让全营交替冲锋，只花了 8 分钟就冲破了敌人拼凑起来的拦截线，歼敌一个排。即使是敌人的坦克也挡不住第 3 营的冲杀，志愿军战士们用炸药包、手榴弹干净利索地炸掉了 4 辆坦克、10 辆汽车，9 连副班长张宝富一人就炸毁 2 辆坦克、4 辆汽车。

第 3 营的战士们一刻不停地向敌后穿插，在冰天雪地中跑得满身大汗，强行军消耗体力太大，战士们饿得不行了就从干粮袋里抓一把炒面往嘴里塞，边跑边吃。

炒面特别干，如果没有水则很难下咽，战士们边跑边找水，宋进才看到路边有个水坑，虽然上面漂着冰碴子，但至少还有水，就跑过去准备喝。刚把浮冰拨开就看到一坨牛粪泡在水里，围上来的战士们都停了下来，面面相觑，心里犯嘀咕：这水还能喝吗？宋进才叹口气，哪里还顾得那么多，用手捧起一抔水，吞了两口就站起来继续赶路。其他战士也立刻喝上两口就继续前进。

到 24 日 14 时，全营已经穿插迂回了整整 20 个小时，连续突破敌人 7 次拦截，前进了 60 千米，最终到达了道峰山。在上山之前，3 营炸毁了山下的公路铁桥，切断了敌人的退路。但可惜的是电台被打坏了，没法及时跟后方联系，宋进才专门派人返回师部告知这个消息。

浴血道峰山

第 3 营成功穿插到道峰山上据守，成了美军撤退路上的一根钉子，“联合国军”总司令李奇微命令已经撤下来的部队重新集结，不管用什么方法，必须拿下道峰山。

宋进才在阵地上一面观察敌情，一面督促大家抓紧挖工事，敌人的炮火马上就来了。他无论走到哪里都鼓励战士：“只要坚持到大部队到来，咱们的任务就圆满完成了！”

美军飞机先是朝道峰山志愿军阵地扔下了无数炸弹，然后用火炮猛轰，所有重火力全部往山上倾泻。道峰山上的石头被炸成齑粉，土层被削去了几尺，一人抱不过来的柏树几乎全部被炸断。炮火过后，蜂拥而来的敌军开始进攻，第 3 营的战士们毫不畏惧，依靠临时修建的工事顽强抗击。

几次攻击被打退后，美军改用火攻，即用火焰喷射器纵火烧山，一时间烈火熊熊，浓烟滚滚。宋进才早有准备，要求各连“以火制火”，自己先将阵地周围的草木放火烧尽，形成人造防火带，让敌人的火攻也不能奏效。

副团长李振堂和宋进才都意识到，光是一味死守并不是办法，因为第 3 营孤军深入，与主力失去联系，弹药很快会消耗殆尽。于是，第 3 营白天守、晚上攻，出动大量以班、排为单位的战斗小队，利用山地和夜战优势，不断袭扰美军营地，打了就跑，不逗留，不恋战，目的不是杀伤敌人，而是扰敌、疲敌，顺便搜集弹药补给。

第 3 营 600 多名战士在宋进才的带领下，顶住美军的炮火，忍受着严寒和饥饿，在道峰山上坚守了 3 天 4 夜，打乱了敌人的纵深防御，很多南逃之敌无法快速通过道峰山后堵在路上，最后都被志愿军歼灭了。

4 月 28 日，追击敌军的志愿军打到了道峰山，第 3 营的战士跟友军会合，最终奉命撤回了后方。道峰山之战，第 3 营共歼敌 320 多人，俘虏 3 人，击毁敌坦克 4 辆、汽车 10 余辆。

4 月 29 日，第五次战役第一阶段战斗结束。志愿军司令员彭德怀亲自给第 3 营发了嘉奖电报：第 190 师第 569 团第 3 营能迅速穿插至道峰山，迟滞了敌人撤退，完成了作战任务，通报全军嘉奖。后来，第 3 营被志愿军总部授予“道峰山营”的光荣称号，荣立集体二等功，宋进才也被授予“中国人民志愿军二级战斗英雄”的称号。

从军事角度讲，难怪那位美军军官发出疑问：一个加强营 600 多人，孤军穿插 60 千米，远离大部队，通信电台被打坏，坚守在一个没有稳固防御工事的山上，面对有飞机、坦克、大炮的美军，如何坚持了 3 天 4 夜？

英雄精神启示

靠人的精神，靠钢少气多，生动诠释了“道峰山营”的精神，只有靠这种精神力量才能与机械化装备的强敌赛跑，在真刀真枪的搏杀中敢于亮剑、勇夺胜利，这就是人民军队天生的基因。不管面对什么样的敌人，不管敌人有多么强大，胜利永远属于我们的人民军队！

十八 新兴里战斗模范连：勇擒“北极熊”

英雄档案

荣誉称号	新兴里战斗模范连
部队介绍	志愿军第 27 军第 80 师第 239 团 4 连
成名之战	第二次战役新兴里战斗
英雄事迹	在战斗中共击毙敌 300 余人，缴获榴弹炮 12 门，控制了长 300 米、宽 100 米的阵地，为志愿军第 27 军以劣势装备全歼拥有现代化装备的美军 1 个加强团做出了至关重要的贡献

请缨担当尖刀连

1950 年 11 月，当志愿军第 9 兵团第 27 军第 80 师开进朝鲜东部的长津湖地区时，迎接他们的是朝鲜 50 年一遇的寒冬，夜晚最低气温降到零下 35 摄氏度，几乎把那里变成了一个生命绝境。

该师第 239 团 4 连连长李昌言感受到了终生难忘的寒冷，钢枪冻得粘住了手，甚至把手上的皮都粘掉了。在极寒气温下，有的步枪打不响。部队刚从华东地区日夜兼程入朝参战，由于准备仓促而来不及换装，很多战士都身着单衣，条件极其艰苦。

11 月 25 日黄昏，抗美援朝战争第二次战役打响，志愿军首先在西线发起反击，此时东线“联合国军”仍继续向北推进。27 日，美陆战第 1 师主力和美第 7 师 1 个加强团进入了长津湖地区。

为遏制其攻势，志愿军第 9 兵团的 3 个军昼伏夜出，悄无声息地抵达了指定作战位置，赋予第 27 军的主要作战任务是歼灭新兴里、内洞峙地区的美第 7 师第 31 团级战斗队。

第 80 师作为军里的主力师参加围歼新兴里之敌的战斗，22 岁的李昌言主动请缨让 4 连担负尖刀连任务。攻打新兴里之前，团长、营长到连里动员时告诉他，不清楚新兴里的敌人是美国的还是李承晚的，需要边前进边侦察，根据情况打。

李昌言和战友们那时并不知道，即将面对的对手是号称“北极熊团”的美军第 7 师第 31 团，它是从未吃过败仗的美军精锐部队。

插入敌人纵深

4 连是全师的尖刀连，开战后穿插得比较快。11 月 27 日晚，在夜幕掩护下，李昌言带领 1 排和 2 排战士从山坡左侧前进，指导员庄元东带领 3 排战士从右侧和他们相距 30 米并排前进。

黑暗中远处的微弱光亮吸引了连长李昌言的注意，走近一看是一顶帐篷，他带领着战士悄悄摸了过去。不料有战士不小心踩到了敌人扔掉的空罐头盒，发出的声音惊动了敌人。密集的子弹从帐篷中射出，战士们立即还击，打死、打伤 6 名敌人。

歼灭了这一小股敌人后，寒冷和饥饿袭来，身着单衣的战士们钻进帐篷里，开始搜寻所有可以御寒的物品，指导员庄元东看到一块彩色的方形毯子，扯下披在身上稍微暖暖身子。突然帐篷外传来枪声，庄元东立即扔掉那块毯子，带领战士们投入战斗。

原来，刚刚战斗的枪声引来了美军的支援部队，美军一面用火力阻挡 4 连前进，一面发射出数颗照明弹，企图看清到底有多少志愿军。大家卧倒隐蔽起来，连长李昌言趁着照明弹的光亮冷静观察敌情，并迅速调整作战方案，他率领 1 排、2 排战士从侧翼攻击敌人，其余战士继续在正面牵制敌人。

美军的炮弹不断向志愿军倾泻，伤亡越来越大，指导员庄元东被流弹击中不幸牺牲。听到噩耗，李昌言怒火中烧，告诉全连战士要为指导员报仇。此时，他带着已经穿插到敌人侧翼的 1 排、2 排战士正悄悄接近敌人守卫的 3 个营房。

捣毁“北极熊团”老巢

枪炮声响作一团，李昌言指挥全连利用地形，3 个人组成 1 个小组，以“三三制”战术向前跃进，包抄敌人。战士们接近营房后迅速将几颗手榴弹投进屋内，炸得敌军人仰马翻。剩余的敌人拼死反扑，一场激战过后，除一部分敌人仓皇而逃外，大部分敌人当场被歼。

战斗结束后，李昌言进屋一看，屋里乱七八糟，有地图，还有电话，桌上摆着作战文书。后来李昌言与 4 连战士们才知道，他们居然一举捣毁了“北极熊团”团指挥所，击毙了“北极熊团”团长麦克莱恩上校。那块曾被指导员庄元东披在身上的“毯子”原来就是“北极熊团”的团旗。

在新兴里战斗中，4 连共击毙敌 300 余人，缴获榴弹炮 12 门，控制了长 300 米、宽 100 米的阵地，为志愿军第 27 军以劣势装备全歼拥有现代化装备的美军 1 个加强团做出了至关重要的贡献。1950 年 12 月，4 连被志愿军第 27 军授予“新兴里战斗模范连”称号。

在中国人民革命军事博物馆的一间展厅里陈列着两面旗帜：一面是中国人民志愿军的“新兴里战斗模范连”奖旗，一面是美第 7 师“北极熊团”团旗。这两面旗帜共同见证了抗美援朝战争中那场发生在极寒条件下的强强对决。

英雄精神启示

“北极熊团”团旗落下了，战斗模范连的战旗永远地飘扬起来了。“干部处处率先垂范，骨干个个奋勇争先，战士人人不甘落后”，这就是“新兴里战斗模范连”的精神，是克敌制胜的法宝，也是集体智慧的结晶。和平时期仍需大力弘扬这种精神，永远在一代代人心中传递，生生不息。

十九 “智勇侦察排”：灰岛设伏勇歼敌

英雄档案

荣誉称号	智勇侦察排
部队介绍	志愿军第 50 军第 148 师独立侦察连 2 排
成名之战	灰岛伏击战
英雄事迹	侦察排在灰岛设伏中毙敌 4 人、俘虏 4 人，缴获木船 1 只、卡宾枪 4 支，执行任务的 9 名战士无一伤亡

保卫西海岸岛屿

1951 年 11 月，志愿军在朝鲜战场上进行了第一次陆空协同作战，接连收复灰岛、小和岛、大和岛等 10 多座岛屿。战斗胜利后，志愿军第 50 军第 148 师奉命驻守朝鲜西海岸，紧急构筑坑道工事，抓紧军事训练，由此也拉开了保卫海岛的战斗序幕。

1952 年 7 月，不甘失败的敌人在海上活动愈加频繁，有小股敌人先后潜入灰岛、大和岛活动。为确保朝鲜西海岸安全，志愿军第 148 师师长赵鹤亭决定派出师直属侦察部队到灰岛上设伏，消灭这股敌人，狠狠打击敌人的嚣张气焰。

于是，第 148 师独立侦察连 2 排接到了紧急战斗任务，排长王东荣率领 1 班战士组成小分队，在 7 月 23 日夜秘密出动，连夜登上灰岛。

灰岛是座面积不大的小岛，占领后就可以观察大和岛的动向，位置十分重要。出发前，师长赵鹤亭曾专门交代：完成任务要坚决，必须抓回“舌头”。

小分队上岛设伏

7 月 24 日，在灰岛设伏的第 1 天，排长王东荣率 1 班组成侦察小队，经缜密侦察并未发现敌情。为了保密，小分队战士严格遵守纪律：不大声说话、不生火做饭。

正当侦察小队占据有利地形，等待敌人走进伏击圈时却遭遇了一场意外的生存考验。由于此前敌人的破坏，岛上唯一的水井中被投了毒，寻找干净的饮用水成为侦察小队必须解决的严峻问题。

灰岛资源较少，难以补给，一旦没有了饮用水，战士们只能被迫中断任务，无功而返。此时，排长王东荣急中生智，用石块混合泥土砌成一口井，收集雨水以解决喝水问题。

设伏第 2 天，战士们除了在白天观察和警戒外，天黑后还要分组埋伏在渡口和山头。侦察小队在伏击点坚守了近 100 小时后，敌人出现了。

半小时结束战斗

设伏第 4 天，天刚破晓，哨兵在灰岛东南方向发现情况，班长崔如瑞用望远镜观察确认有敌人的 2 艘汽船正从海雾中缓慢驶来。尽管志愿军在灰岛上事先进行了埋伏，部署了机枪手和火箭筒手，但面临敌人 2 艘汽船近 30 人的兵力，侦察排一个班的兵力显得捉襟见肘。

一支不足 10 人的侦察小队面对数倍于己的敌人，却丝毫没有畏惧。正当王东荣带着战士们做好战斗准备时，转机出现了。敌人突然兵分两路，大汽船驶向大和岛，只留小汽船独自朝灰岛驶来。

王东荣在望远镜里数了数，登陆灰岛的敌军仅有 8 人，正是全歼敌人的绝佳机会。这伙敌人以为岛上没有人，大摇大摆地上了岸，东张西望，毫无戒备。敌人慢慢地离伏击圈越来越近，100 米，50 米，30 米……就在这时，王排长一声令下：“打！”

战士们迅速锁定目标，扔出了手榴弹，在敌军中炸开了花。然后战士们又开枪射击，敌军惊慌失措，到处溃逃。战士们又冲到船前，同时掷出数枚手榴弹，将敌船击毁。大汽船上的敌人听到枪炮声，慌忙掉转船头，前往灰岛增援。

排长王东荣当机立断，命令全员集中火力，逼退大汽船。这时，山头上的战士用火箭筒给了敌人猛烈一击，同时用机枪射击，迫使敌人再次掉转船头，仓皇逃走。

这场伏击战，击毙敌 4 人、俘虏 4 人，最终仅用半小时就结束了战斗，我军无一伤亡。志愿军侦察小分队不仅通过技术侦察、捕俘摸哨等方式获取了战场军事目标的重要情报，也用一场以少胜多的成功战斗为主力部队顺利实施正面作战行动提供了有力保障。

英雄精神启示

侦察连专门进行特种作战，任务危险而神秘。和某些影视剧中的不一样，在我军的侦察分队中，光靠单纯的个人英雄主义是不行的，既需要有逢敌亮剑、一往无前的血性，更需要坚强有力的指挥和协调一致的配合，唯有将这两者结合起来，才能真正成为机智果敢、骁勇善战的部队。那些独来独往的孤胆英雄是走不远的，只有英雄的集体才会行稳致远，齐心协力夺取最后的胜利。

二十 “铁甲215”：敢于“拼刺刀”的人民英雄坦克

英雄档案

荣誉称号	人民英雄坦克
部队介绍	志愿军 215 号坦克车组
成名之战	1953 年夏季反击战役
英雄事迹	215 号坦克共击毁敌 M-46 坦克 5 辆、击伤 1 辆，出色地完成了 7 次配合步兵的作战任务

突遭意外险情

1953 年 7 月，为促进实现朝鲜停战，志愿军开始了夏季反击战役，坦克第 2 师第 4 团 2 连配合步兵，担任主攻石岘洞北山美第 7 师阵地的任务。开战前，2 排排长兼 215 号坦克车长杨阿如奉命率 3 辆坦克秘密潜入要进攻的阵地南侧隐蔽待命。这几辆坦克型号为 T-34-85 中型坦克，是第二次世界大战期间赫赫有名的 T-34 的改进型，火炮口径为 85 毫米，装甲也大为增强。

7 月 6 日，攻击开始，215 号坦克和其他 2 辆坦克一起开足马力冲出伪装掩体，向美军阵地冲锋。当时正值连日暴雨，前进的道路泥泞不堪，战场到处都是积水，以致许多巨大的弹坑都被积水填满。3 辆坦克正在行驶时，意外发生了！在距离敌人 1200 多米、距离操炮地点还差 100 米左右的地方，215 号坦克陷进了一个弹坑里进退不得，战士们迅速跳下坦克进行抢挖，可是坦克一动不动。

此处距敌军阵地已经很近了，很难隐蔽，极易被敌人发现而招来密集炮火。是弃车，还是继续战斗？杨阿如及时向指挥所报告了情况。得知 215 号的处境后，指挥所断然下达命令：陷在坑里也要打！在战斗发起前必须把敌人的坦克消灭掉。

单车夜战歼敌

接受命令后，车长杨阿如和战友们当即决定，后边 2 辆坦克先退回去，由 215 号坦克单独承担这项艰巨的任务，宁可牺牲也不放弃宝贵武器。

此时，天色已晚，又下起滂沱大雨，夜幕和雨雾成了最好的保护网。

大家分头找来了各种草木，用泥土将 215 号坦克埋起来。战士们躲在坦克掩体里，仔细观察敌人阵地上的坦克动向。次日度过了漫长的白天，敌人居然丝毫没有发觉。

第二天黄昏，敌人阵地突然出现了 3 辆美军 M-46 坦克，它们显然没有发现 215 号坦克，而是慢悠悠地转向志愿军阵地，准备防御志愿军进攻。美军 M-46 坦克超过 40 吨，火炮口径 90 毫米，装甲防护等都远超 215 号坦克。但是，面对强敌，炮长徐志强却没有犹豫，他在最短的时间里掉转炮塔，炮管对准 M-46 坦克，可是天色已暗，那时坦克还没有装备夜视仪，夜晚中很难瞄准目标。

但这难不倒志愿军聪明的坦克手，徐志强很快找了一棵夜晚能看到的大树当参照物，瞄准大树后，向右摇动几下正好对准美军坦克。杨阿如一声令下，几枚穿甲弹准确命中一辆 M-46 坦克。

敌军坦克起火后爆炸了，火光映照出另外 2 辆不知所措的坦克，对着我方阵地胡乱开炮。炮弹落在 215 号坦克附近，我坦克兵不为所动，沉着应战，又是一阵猛烈射击，第 2 辆美军坦克也报销了。

第 3 辆美军坦克兵见状像缩头乌龟一样和坦克一起躲进掩体，215 号坦克瞄准掩体，连续打出 10 多发爆破弹，把掩体轰得粉碎，龟缩的敌坦克也被炸成一堆冒着火焰的废铁。

机智完成任务

此时，215 号坦克已经完全暴露了，随时可能被敌人摧毁。美军见自己的坦克两毁一伤，也红了眼，便调集所有炮火向 215 号坦克猛烈开炮。215 号坦克周围不断地爆炸，情况万分紧急！

这时驾驶员陈文奎想出一个妙计：敌人知道我们善打夜战，打完就跑，所以他们也不追，只是随着我们坦克开走的发动机声音追踪射击。俗话说“兵不厌诈”，何不将计就计？于是陈文奎发动坦克，一开始加大油门，故意把声音弄大，然后像离开似的，使声音由大到小，逐渐减弱。果然，敌人听到声音，以为志愿军坦克开走了，拼命往后追打，炮火沿着坦克进出的道路，一直延伸了 2500 多米。其实，215 号坦克一动也没动，就此躲过一劫！

趁着夜色降临，车组人员马上把 215 号坦克继续隐蔽起来。第二天，敌人的炮火更加猛烈了，硝烟笼罩着阵地。坦克上所有的窗门都关上了，车组人员只能偶尔打开驾驶窗，呼吸一点新鲜空气。无线电员、炮长、驾驶员相继昏倒了。指挥所要求他们留下 2 个人，把其他人员撤下去。可谁也不肯离队。就这样，全体车组人员以顽强的毅力坚守在 215 号坦克上，共同度过了生死攸关的两天两夜。

第三天早上，电台收到指挥所的命令：今晚部队反击敌人的进攻，215 号坦克务必要在 22 点之前开出来，24 点之前消灭敌 346.6 高地新调进的 2 辆坦克，然后撤回，并派出 4 名工兵前来支援。

紧张的抢救坦克的工作开始了。已经十分疲惫的车组人员为了躲避敌机的轰炸，先将自己伪装起来，把带着泥的草捆在身上，然后爬到几百米以外的山上，把被敌人炮火炸断的树干用绳子拴住，然后捆在腰上往回拖，连滚带爬地冒着敌人的炮火往返数次，终于在临近傍晚时收集了 70 多根木头，垫平了道路。

战斗打响后，215 号坦克如蛟龙脱困，从弹坑中跃起，冒着敌人的弹雨前进，仅用了 11 分钟，以 44 发炮弹击毁敌 M-46 坦克 2 辆、地堡 12 个、机枪巢 3 个、小口径炮 3 门。

就这样，215 号坦克车组顽强坚持战斗了三天三夜，胜利地完成了任务，安全地撤回了后方。在英雄坦克部队的有力配合下，志愿军最终完全控制了石岘洞北山阵地。

在抗美援朝战争期间，215 号坦克共击毁敌重型坦克 5 辆、击伤 1 辆，击毁敌迫击炮 9 门、汽车 1 辆，摧毁敌地堡 26 个、坑道和指挥所各 1 个，7 次出色地配合步兵完成作战任务，可谓战功赫赫。志愿军总部授予 215 号坦克“人民英雄坦克”光荣称号，全体车组人员记集体特等功一次。

如今，这辆“人民英雄坦克”陈列于中国革命军事博物馆中，接受无数游客的参观，并在时光的流逝中见证着中国装甲突击力量的壮大。

英雄精神启示

中国人永远不缺乏勇气，也有无穷的智慧。“人民英雄坦克”就做到了这一点，敢于以“刺刀见红”的精神对付武装到牙齿的强敌。当然，仅仅有勇气是不够的，还要有随机应变的智慧，越是身处逆境，就越要发挥主观能动性。在遭遇极端不利于己的情况下，沉着坚持战斗，机智勇敢地保存自己、消灭敌人，这样的胜利才堪称完美。这也告诉我们，遇到困难并不一定要死打硬拼，多动脑筋想办法，很多难题就会迎刃而解。

主要参考文献

［1］胡海波 . 朝鲜战争影像全纪录［M］. 广州：广东经济出版社，2016.

［2］军事科学院军事历史研究所 . 抗美援朝战争史：第 3 版［M］. 北京：军事科学出版社，2014.

［3］李峰 . 决战朝鲜：白金珍藏插图版［M］. 北京：现代出版社，2017.

［4］齐德学 . 巨人的较量：抗美援朝高层决策［M］. 沈阳：辽宁人民出版社，2017.

［5］齐德学 . 你不了解的抗美援朝战争［M］. 沈阳：辽宁人民出版社，2017.

［6］徐焰 . 毛泽东与抗美援朝战争［M］. 北京：解放军出版社，2003.

［7］徐焰 . 抗美援朝时引进苏联武器及债务问题的真相［J］. 兵器知识，2020（10）：14–19.

［8］廖国良 . 毛泽东军事思想发展史［M］. 北京：解放军出版社，2002.